AF385268

LAURENCHET 1977

# HISTOIRE

## ANCIENNE,

### OU

## PREMIÈRE PARTIE

### DE

# L'HISTOIRE

### DES

# HOMMES.

# HISTOIRE

## DES

# HOMMES,

### OU

# HISTOIRE

### *NOUVELLE*

## DE TOUS LES PEUPLES

## DU MONDE,

### PARTIE DE L'HISTOIRE ANCIENNE.

### TOME VII.

### *A PARIS,*

### M DCC. LXXX.

*Avec Approbation, & Privilége du Roi.*

# HISTOIRE
## DES PERSES.

### RÈGNE DE XERXÈS I (a).

Sur la fin du règne de Darius, on avait
vu de grands débats à la Cour, pour
savoir lequel de ses fils hériterait de son
Trône ; ce Monarque avait eu , d'une
fille de Gobryas, trois enfans , tous nés
avant la révolution qui ôta l'Empire au
Mage Sphendadate ; depuis qu'on l'avait

_______________

(a) Ctéfias, dans la *Bibliothèque de Photius*,
Hérodote, *Polymnia*, ou lib. 7, & Diod. Sicul.
*Hift. Univerf.* lib. 11.

élu Roi, il avait épousé Atossa, fille de Cyrus, & quatre autres enfans étaient issus de ce mariage ; Artabazane, l'aîné de tous, fit valoir les droits de la nature ; Xerxès, plus adroit, fit valoir l'ascendant qu'Atossa, sa mère, avait sur l'esprit de Darius, & il fut préféré ; au reste, l'avantage qu'avait ce Prince d'être né d'un père Roi, & d'une fille de Cyrus, parut, aux Perses, un titre légitime pour régner, & personne ne fut étonné de le voir déclaré héritier présomptif de la Couronne de Darius.

A peine Xerxès eut-il conduit le corps de son père au monument, qu'il épousa Amestris, fille d'Onophas, un de ses Satrapes ; ce mariage fut heureux. Le Monarque, dès les premières années de son règne, en eut trois fils, Darius, Hystaspe & Artaxerxe, & deux filles, Amytis & Rodogune.

Débarrassé de la pompe importune de ces noces royales, Xerxès s'occupa à visiter le vaste Empire qu'il avait à gouverner ; mais il ne faut point s'attendre à voir les Defpotes de la Perfe voyager , comme les Marc-Aurèle, pour réformer les abus, pour donner de l'autorité aux loix, & pour faire des heureux. A peine le nouveau Roi fut-il entré dans Babylone, qu'il voulut enlever les richeffes immenfes que l'erreur populaire avait amoncelées dans la tombe de Bélus (*a*). Quand le monument eut été ouvert, on ne trouva qu'un fquelette nageant dans des flots d'huile qui s'élevaient, à une palme près, jufqu'à l'extrémité fupérieure du cercueil ; à côté était une petite colonne, avec cette infcription : » Malheur » à qui, violant l'afyle facré de cette » tombe, ne remplira pas mon cercueil «! — Xerxès, dont l'ame était ouverte à toutes les petiteffes de la fuperftition, tenta d'accomplir l'oracle, mais en vain.

----

(*a*) Voyez Ctéfias , *loc. citat.* & Elien , *Hiftor. var.* lib. 13 , cap. 3.

Toutes les fois qu'il voulut faire jetter de l'huile dans le monument, le fluide refta toujours au même niveau. Ce Prince ne vit pas que ce tonneau des Danaïdes avait été préparé par la fupercherie facerdotale, & il quitta le temple de Bélus, avec cette fombre terreur, qui naît du chagrin d'avoir irrité le ciel, fans avoir pu confommer fon crime.

Xerxès fortit de la Chaldée pour aller à Ecbatane; mais avant d'arriver à cette métropole de l'ancien Empire des Mèdes, il apprit la révolte de Babylone; nous avons déja parlé, au règne de Darius, de cet évènement, qui, par la contrariété des Hiftoriens, a donné lieu à un problême chronologique qu'il eft impoffible de réfoudre. Nous nous contenterons d'ajouter ici que Créfias fait réduire Babylone par Mégabyfe, & que Xerxès, pour récompenfer le Satrape, lui donna une meule d'or; *ce qui*, ajoute l'Hiftorien, *eft le plus grand honneur qu'un Perfe puiffe recevoir de fes Monarques.*

Xerxès, de retour dans Suze, s'occupa tout entier de l'expédition contre la Grèce, commencée, par son père, sous les plus sinistres auspices; il assembla, à cet effet, un conseil d'Etat, & il y parla avec cette présomption d'un jeune Despote qui se croit tout ce que disent de lui ses adulateurs. » Le moment est venu de venger » l'incendie de Sardes, & l'opprobre dont » nos armes se sont couvertes aux plaines » de Marathon; je pars pour réduire cette » Grèce audacieuse; delà, j'irai subju- » guer l'Europe; car quel est le peuple » sur le globe qui osera me résister ? De » retour de mon expédition, la Perse » me devra *de n'avoir d'autres frontières* » *que le ciel qui l'éclaire* (a) «.

Mardonius parla après le Prince, & lui dit, en face, ce que Pline n'osa jamais dire à Trajan; c'est-à-dire que non seu-

___

(a) Tout le fonds de ce discours est extrait, avec la plus grande fidélité, d'Hérodote, lib. 7.

lement il était le plus grand des Rois qui euſſent régné dans l'Empire , mais que dans la poſtérité la plus reculée on n'en verrait aucun l'égaler. Xerxès fut très-flatté de voir que ſon règne d'un jour était déja le plus mémorable de tous les règnes de la Perſe , & il crut , ſans peine , à la prophétie de Mardonius.

Il ſemble qu'après la harangue de Xerxès & le panégyrique de Mardonius, il n'y avait plus à délibérer dans le con-ſeil , & que la guerre contre les Grecs était déterminée ; mais Artabane , oncle du Roi , ſe leva , & parla avec une franchiſe & une vérité qu'on ne devait attendre que d'un Spartiate, & non de l'eſclave titré d'un Deſpote ; il peignit les Grecs tels qu'ils étaient, c'eſt - à - dire comme des hommes fiers d'avoir une patrie, & qui combattraient toujours avec avantage contre ceux qui n'en avaient pas ; il dé-voila l'ambition de Mardonius , qui ne conſeillait à ſon Souverain une guerre injuſte, que pour avoir le commandement de ses armées, & il finit son discours par une proposition bien étrange, mais qui prouvait combien il était pénétré de la vérité de ce qu'il avançait. » Que le » Roi, dit-il, reste en Perse, & laissons » auprès de lui nos enfans, comme des » garans de la sagesse de nos conseils; » toi, Mardonius, tu marcheras, pendant » ce tems-là, contre la Grèce; si tu es » vainqueur, je consens d'aller, moi & » mes enfans sur l'échaffaut; mais si, » comme je n'en doute point, tu ne re- » viens à Suze qu'avec les débris d'une » armée vingt fois défaite, il faut que » ta tête, & celles de tes fils, venge tout » le sang innocent que ton ambition té- » méraire aura fait répandre «.

Xerxès, qui croyait respirer encore l'encens dont l'avait enyvré Mardonius, fut vivement blessé des représentations d'Artabane, & il ne lui dissimula pas que sans les liens du sang qui l'unissaient à lui, il aurait payé ses conseils de la vie. Les autres grands de la Perse, alarmés

des suites du courage d'Artabane, opi-
nèrent comme Xerxès, & la guerre fut
résolue.

Telle fut l'issue de ce fameux conseil
d'Etat, qui ne fut assemblé que pour
prouver qu'on pouvait s'en passer. C'est
ainsi qu'on délibère encore dans les Di-
vans de Constantinople, de Delhy &
d'Ispahan, & tous ces conseils s'appellent
toujours des conseils d'Etat, quoiqu'il
soit bien avéré que l'Etat est tout entier
dans la personne du Despote.

Cependant Xerxès, loin de Mardonius,
& réfléchissant, de sang-froid, sur le discours d'Artabane, eut des remords de
lui avoir parlé avec tant de violence; &
comme il était d'un caractère très-in-
constant, peut-être que passant d'une
extrémité à l'autre, il aurait puni Mardonius de lui avoir conseillé la guerre
contre la Grèce; mais un songe vint à
propos ranimer ses projets extravagans
de conquête, & il persista dans l'idée de
subjuguer tous les peuples du globe,

jufqu'à ce que la voûte du ciel fervît de frontière à la Perfe.

Ce fonge ( & on fe doute bien que je ne fuis ici que l'interprète du bon Héro- dote ) ce fonge, dis-je, était fait pour alarmer l'ame pufillanime de Xerxès. Il vit, à l'entrée de la nuit, un guerrier d'une taille coloffale, qui le menaça des plus grands défaftres, s'il ne defcendait dans la Grèce pour la ravager ; le faible Monarque cependant ne fe décidait pas encore ; la nuit fuivante le phantôme re- commença fon rôle, & réuffit. Seulement Xerxès, pour convaincre fa Cour qu'il ne s'était point laiffé furprendre par des illufions frivoles , engagea Artabane à paffer la nuit dans le lit des Rois de Perfe , perfuadé que le géant lui appa- raîtrait à fon tour. Sa conjecture fut jufte ; l'ombre reprocha au Prince d'a- voir opiné dans le confeil contre l'ex- pédition de la Grèce, & allait le punir en le privant de la lumière, lorfqu'Ar- tabane fe réveilla en furfaut , & convaincu que les Dieux parlaient, devint partifan de la nouvelle guerre, encore plus que Mardonius.

Les préparatifs de cette guerre mémorable durèrent quatre ans; dans l'intervalle, Xerxès eut la fage politique de faire une ligue offenfive & défenfive avec Carthage, qui acheta, dit-on, avec l'argent de la Perfe, une armée de trois cents mille hommes (*a*).

Je ne fais s'il faut ranger parmi ces traits de faine politique l'entreprife de Xerxès pour percer le mont Athos; ce mont célèbre, dont on voulut faire dans la fuite une ftatue d'Alexandre, s'avançait fort au loin de la mer, & tenait au continent par un Ifthme de la longueur de douze ftades; la mer, toujours orageufe

______

(*a*) Diod. Sicul. *Hiftor. Univerf.* lib. 11, cap. 1; cette armée, au refte, fut inutile à Xerxès, parce que dans le tems de fon invafion de la Grèce, elle fut taillée en pièces par Gelon, Roi de Syracufe.

autour de ſes côtes, avait été fatale, quelques années auparavant, à une flotte de la
Perſe, qui avait voulu doubler le Promontoire. Xerxès, qui ne voulait point faire
tranſporter ſes vaiſſeaux par-deſſus l'Iſthme, comme c'était l'uſage, imagina de
faire couper la montagne pour procurer
un libre paſſage à ſa flotte ; cet ouvrage
était digne de Sémiramis, mais il ne fut
point exécuté avec le génie de Sémiramis.

Xerxès commença par écrire une lettre
au mont Athos, où il le menaçait, s'il
avait l'audace d'oppoſer à la hache de ſes
ſoldats une barrière de rochers, de le
couper lui-même, & de le précipiter tout
entier dans la mer (a). Les Architectes
du Prince, qui n'attendaient aucune réponſe à une pareille lettre, cherchèrent
prudemment, le long de l'Iſthme, un
terrein favorable, & l'ayant rencontré,
il y firent creuſer un canal aſſez ſpacieux

---

(a) Plutarch. tome 2, *de irâ Cohibendâ.*

pour que deux vaiſſeaux à trois rangs de rames puſſent y voguer de front ; les travaux durèrent trois ans , & on y employa autant de monde que les Pharaons pour élever leurs frivoles pyramides.

Ce canal, monument de l'oſtentation de Xerxès , plutôt que du déſir d'être utile aux hommes , ne ſubſiſta pas longtems ; il ſe trouva peu à peu obſtrué par les ſables que les flots de la mer amoncelèrent , & au bout de quelques ſiècles , le voyageur, qui en cherchait vainement les traces , demandait s'il avait jamais exiſté (*a*).

Xerxès , qui ne faiſait rien comme le reſte des hommes , après avoir coupé le mont Athos , pour ſe diſpenſer de faire le tour d'un Iſthme de douze ſtades ,

---

(*a*) C'eſt à quoi fait alluſion Juvenal dans ces vers ſi connus :

*Perforatus Athos, & quidquid Græcia mendax.*
*Audet in Hiſtoria. . . . . . .*

commanda qu'on conſtruisît un pont de
bateaux ſur l'Helleſpont, afin de ſauver
à ſon armée de terre, une navigation de
quelques heures ſur le Détroit; l'ouvrage
fut achevé en peu de mois; mais une
tempête violente qui ſurvint, rompit le
pont dans une nuit, diſperſa les vaiſſeaux
qui le compoſaient, & les fit échouer
contre le rivage.

Le Roi, inſtruit de ce déſaſtre, s'en prit
à la mer du renverſement de ſon pont;
il ne lui écrivit point de lettres, comme
il avait fait au mont Athos, mais il alla
lui parler lui-même. » Perfide élément,
» lui dit-il, tu m'as offenſé ſans raiſon,
» & je vais t'en punir; que m'importe
» que tu élèves encore tes vagues auda-
» cieuſes? je ſuis ton maître, & je ſaurai
» les dompter «.

Après ce diſcours extravagant, Xerxès
commanda qu'on donnât trois cents coups
de verges à l'Helleſpont, & qu'on jettât,
dans ſon ſein, deux paires de chaînes,

avec un de ces fers ardens qui fervait à noter d'infamie les fcélérats qu'on envoyait au fupplice.

Ainfi vengé des élémens, qui avaient eu la témérité de contrarier un Defpote dans fes projets, Xerxès voulut qu'on conftruisît un nouveau pont de bateaux fur l'Hellefpont ; & pour encourager les entrepreneurs, il fit couper la tête à tous ceux qui avaient eu la direction du premier ouvrage ; les malheureux efclaves qu'on leur fubftitua, craignant de mourir, mirent toute leur intelligence à fatis-faire le Roi de Perfe ; ils placèrent en travers 360 vaiffeaux, dont les flancs regardaient le Pont - Euxin, & du côté de l'Hellefpont, ils en difposèrent 300 autres en forme de pyramide pour rompre le courant & anéantir l'effort des vagues ; cette vafte digue, bien arrêtée dans la mer par des ancres, fut revêtue d'un plancher folide, & environnée de barrières, afin que la vue de la mer n'épouvantât ni les

hommes, ni les chevaux ; l'ouvrage achevé, on se hâta d'en avertir Xerxès, qui,
voyant enfin les élémens soumis à sa puissance, se félicita de leur en avoir imposé
en faisant frapper de verges le Pont-
Euxin.

Xerxès partit de Sardes à la tête de
l'armée la plus formidable qui ait jamais
surchargé la surface du globe ; on croit
qu'elle était composée de dix - sept cents
mille hommes de pied, & de quatre-
vingt mille chevaux. La flotte consistait
en douze cents sept vaisseaux armés en
guerre, & en trois mille galères de trans-
port sur lesquels on avait embarqué plus
de cinq cents mille hommes ; outre cela,
quand les Perses entrèrent en Europe,
ils trouvèrent deux cents vaisseaux de
renfort, & trois cents mille hommes de
troupes auxiliaires ; si à ce nombre prodigieux de soldats, on ajoute les hommes
qui étaient chargés de l'approvisionnement
& des bagages, les esclaves, les eunuques & les femmes, on trouvera que la

Grèce se trouva tout-à-coup inondée de cinq millions de Barbares (*a*).

Je sçais que ce calcul d'Hérodote, adopté cependant par Plutarque (*b*), est exagéré; mais en le réduisant, avec le sage Diodore, à peine atteindra-t-il encore les bornes de la vraisemblance. Il paraît, dit cet Historien, par l'inscription du monument qu'on érigea à Léonidas, que deux millions de Perses se battirent contre les trois cents héros des Thermopyles (*c*). Deux millions de soldats supposent, en comptant les vivriers, les esclaves, les eunuques & les femmes, un million de bouches inutiles; ainsi tout porterait à croire que Xerxès traîna à sa suite près de trois millions d'hommes.

______

(*a*) Hérodote dit en propres termes, vers la fin du liv. 7 de son Histoire, qu'il y avait, dans l'armée de Xerxès, arrivé aux Thermopyles, 5,283,220 hommes.

(*b*) *In vitâ Themistocl.*

(*c*) *Histor. Univers.* lib. 11.

Au moment où l'armée des Perfes commençait à défiler pour fe rendre de Sardes en Europe, il y eut une éclipfe totale & centrale du foleil (*a*); les foldats, qui virent tout-à-coup une nuit profonde fuccéder à la plus vive lumière, crurent, ainfi que les fauvages, que le globe allait fe diffoudre. Les Mages, qui étaient Phyficiens, les raffurèrent; & pour faire leur cour au Roi, ils ajoutèrent que cette éclipfe annonçait le défaftre entier de la Grèce; Xerxès, qui défirait l'oracle, y crut; & en général ce premier pas vers la crédulité fait prefque toujours le crédit des oracles.

Xerxès, en traverfant la Lydie, paffa fur les terres de Pythius, fimple citoyen, mais qui le difputait, par fon fafte & par fon opulence, à la plûpart des Monarques de l'Orient; c'était lui qui avait fait préfent à Darius d'un platane d'or &

___

(*a*) Je n'en parle que fur la foi d'Hérodote, car elle n'a pas été vérifiée par les Aftronomes.

d'une vigne de même métal, qui avaient pour grappes des pierres précieuses d'un prix inestimable (*a*) ; cette vigne avait été transportée dans le Palais de Suze, & pendait sur la tête du Roi quand il était assis sur son trône.

Ce Pythius nourrit, dit-on, magnifiquement les trois millions d'hommes de l'armée des Perses pendant le séjour qu'ils firent sur ses terres, ce qui épuisa si peu ses richesses, qu'il offrit à Xerxès, pour subvenir aux frais de la guerre, 2000 talens d'argent, & 3,993,000 dariques d'or, c'est-à-dire un peu plus de quatre-vingt sept millions sept cents trente-un mille huit cents cinquante-huit livres de notre monnaie ; l'offre fut refusée, mais avec des distinctions qui flattèrent le Lydien ; Xerxès appella publiquement Pythius son ami, & celui-ci, qui croyait à l'amitié des Despotes, profita de l'accueil qu'on lui faisait pour demander que

_______________

(*a*) Athen. *Deipnosoph.* lib. 13.

de ses cinq enfans, qui servaient dans l'armée des Perses, on lui laissât l'aîné pour être l'appui de sa vieillesse. L'affreux Tyran répondit à ce cri de la nature, élancé des entrailles d'un père, en faisant scier en deux le fils de Pythius, & en ordonnant que l'armée entière défilât entre les deux moitiés du cadavre. — Et c'est à de pareils monstres que la plus belle partie du genre humain se livre pour être gouvernée! Je sens que le sage a besoin alors de toute sa vertu pour ne pas croire à un génie du mal, à qui il a été donné d'écraser l'Univers.

Heureusement les Tyrans, quelqu'atroces qu'ils soient, graces à l'inégalité de leur caractère, ont des momens où ils se rapprochent des infortunés qu'ils persécutent; je reconnois l'homme dans Xerxès, quand du haut du promontoire d'Abydos, jettant les yeux sur l'armée des Perses, & réfléchissant que sur ces millions d'êtres intelligens, il n'y en aurait pas un seul qui existerait au bout d'un siècle, il se mit à verser des larmes en abondance ; mais ces larmes furent stériles, & il ne revint point en Perse prolonger la vie de ses sujets en les rendant heureux.

Cependant Sparte, voyant approcher le torrent de barbares qui venait inonder la Grèce, avait envoyé son Roi, Léonidas, avec trois cents hommes d'élite (*a*) pour garder le défilé des Thermopyles ; Xerxès, qui s'imaginait qu'il lui suffisait de se présenter devant les Grecs pour les subjuguer, fut fort surpris d'apprendre qu'on voulait disputer le passage à ses trois millions d'hommes ; il en marqua son étonnement à Démocrate : ce Démocrate était un ancien Roi de Sparte, qui, banni de sa patrie, avait été chercher un asyle à la Cour de Darius. Quand les Perses lui demandèrent, comment, ayant le pou

______

(*a*) Diodore en met cinq cents. *Histor. Univ.* lib. 11, parag. 8 ; mais l'opinion que nous adoptons est celle de toute l'antiquité.

voir suprême, il s'était laiffé exiler, il répondit que dans fa patrie *le Roi était fans force devant la loi* ( *a* ) ; depuis, il s'était toujours exprimé, même à la Cour de Xerxès, avec un courage républicain, & quand ce Prince l'interrogea fur l'audace de Léonidas, le célèbre transfuge ne lui diffimula pas que trois cents hommes, élevés à Sparte, en valaient trois cents mille élevés à Suze ou à Perfépolis. Xerxès jugea la réponfe de Démocrate fi extravagante, qu'il ne s'en crut pas bleffé, & c'eft ainfi que ce Lacédémonien célèbre échappa au fupplice.

Le Roi de Perfe, arrivé au pied des Thermopyles, envoya fommer Léonidas de livrer fes armes. Le fier Spartiate fe contenta de répondre au héraut : *Qu'il vienne les prendre, s'il l'ofe* ( *b* ). Quand

***

(*a*) Plutarch. *Apophtegm. Laconic.*

(*b*) Plutarch. *loc. citat.* On vint dire à ce même Léonidas que les Perfes étaient en fi grand nombre, que le nuage, formé par leurs on parle ainsi à un Despote, il faut le vaincre ou savoir mourir.

Xerxès (*a*), le jour même, envoya dix mille Perses pour forcer le passage des Thermopyles ; les Lacédémoniens les passèrent au fil de l'épée, & ne perdirent que trois hommes.

Le lendemain, vingt mille soldats vinrent se mesurer, sur le champ de bataille, contre la troupe de Léonidas, & ils eurent la même destinée.

Xerxès, le surlendemain, détacha de son armée cinquante mille hommes pour venger tant de sang répandu, & ils furent encore taillés en pièces par les héros que commandait Léonidas.

Enfin, le Despote de la Perse commença à s'appercevoir qu'avec trois mil-

---

flèches, obscurciraient le soleil. *Tant mieux*, répondit le Héros, *nous aurons le plaisir de combattre à l'ombre.*

(*a*) Les détails suivans sont tirés de Ctésias. *Biblioth. Phot.* loc. citat.

lions d'hommes, on pouvait percer le mont Athos, frapper de verges l'Hellefpont, & être vaincu par une poignée de Spartiates.

Il était fur le point d'abandonner fon projet, & d'entrer dans la Grèce par un autre paffage que par celui des Thermopyles, lorfqu'un Theffalien & deux Trachiniens offrirent de conduire les Perfes fur les cimes des rochers, par des fentiers connus d'eux feuls ; Xerxès confia, à ces transfuges, un corps de quarante mille hommes, qui, après avoir monté toute la nuit, arriva au point du jour fur des hauteurs, d'où il dominait la petite armée de Léonidas (*a*). Pendant ce tems-là, le Roi de Perfe faifait avancer toutes fes troupes vers le défilé ; ainfi les Spartiates fe trouvèrent inveftis. Ces guerriers magnanimes marchèrent à la mort avec la même intrépidité qu'à la victoire ; il y

---

(*a*) Ici Ctéfias m'abandonne, & je fuis obligé de recourir à Hérodote.

eut un carnage incroyable parmi les Perses ;
enfin la valeur céda au nombre ; Léonidas
périt le premier ; deux frères de Xerxès
s'élancèrent alors dans la mêlée pour
saisir le corps de ce Héros , & le porter
en triomphe aux pieds de leur Roi ; mais
comment y parvenir tant qu'un Spartiate
respirait encore ? La petite cohorte de
héros repoussa jusqu'à quatre fois l'ennemi
qui l'environnait, tua les deux frères de
Xerxès, & arracha aux Perses le corps de
Léonidas ; ce fut là son dernier exploit ;
les Spartiates , épuisés par ce dernier
effort de bravoure , ne portèrent plus
que des coups incertains ; ils furent tous
tués sur le champ de bataille.

Suivant une autre tradition Grecque,
il y eut un des compagnons de Léonidas
qui lui survécut ; à son arrivée dans sa
patrie , il se vit couvert d'opprobre par
ses concitoyens ; sa femme porta son
deuil & sa mère se renferma dans sa maison , rougissant d'avoir fait naître un
Spartiate qui n'avait pas sçu mourir.

On éleva, dans la suite, un monument aux Thermopyles à Léonidas & aux trois cents Spartiates; l'inscription m'en paraît à-la-fois simple & sublime : *Passant, va annoncer à notre patrie que nous sommes morts ici pour obéir à ses loix.*

Nous nous sommes étendus, plus qu'on ne devait s'y attendre, sur ce combat mémorable des Thermopyles, qui tient encore plus à l'Histoire de la Grèce, qu'à celle de la Perse; mais il fallait, pour faire ressortir le portrait de Xerxès, le mettre en regard avec des Héros; on juge toujours mieux un Despote quand il est devant un homme, que quand on le laisse en scène avec la foule de ses esclaves.

Xerxès ne démentit point, après la journée des Thermopyles, l'idée que l'Histoire donne de son vil caractère; outré de ce qu'un petit Souverain de Sparte avait été trois fois vainqueur du Roi des Rois, il fit attacher son cadavre à un gibet : comme si tout homme qui a encore fon intelligence & fon ame, marchant dans le fentier de la gloire, ne préférerait pas, au trône de Xerxès, le gibet de Léonidas.

Le jour du combat célèbre des Thermopyles, il y eut une action à Artémife, au promontoire de l'Eubée, entre la flotte des Grecs & celle des Perfes ; quoique l'Amiral de Xerxès eût fix fois plus de vaiffeaux, il ne put refter maître de la mer, & les deux partis s'attribuèrent la victoire.

Cependant Xerxès, ne trouvant plus de Léonidas fur fon paffage, s'approchait d'Athènes avec le refte de fes trois millions d'hommes. Les habitans de cette ville célèbre, hors d'état de foutenir le fiége, fe retirèrent fur la flotte de Salamine, & le Roi de Perfe fe confola en rafant de fond en comble fes remparts, en brûlant fes temples & fes édifices, de n'avoir pu fe baigner, à fon gré, dans le fang des hommes.

Tous les regards de l'Europe & de

l'Asie étaient fixés sur cette flotte, qui croisait devant Salamine, & qui renfermait l'élite des guerriers de la Grèce ; elle était composée de sept cents voiles ( *a* ) ; mais celle des Perses était au moins une fois plus forte. Onophas commandait la dernière, & l'autre était dirigée par le génie de Thémistocle ; enfin la bataille se donna ( *b* ) ; les Grecs, plus expérimentés dans la manœuvre, plus

---

( *a* ) Hérodote, qui cherche toujours à relever les Grecs, au dépens même de la vraisemblance, suppose que la flotte Grecque n'était que de 380 navires ; mais son autorité ici n'est rien auprès de celle de Ctésias.

( *b* ) Ctésias place la bataille de Platée avant celle de Salamine ; mais son calcul ne peut s'accorder avec la chronologie de Paros, conciliée avec l'Ere des Olympiades ; il me paraît démontré que la bataille de Salamine tombe à la première année de la 75e Olympiade, ce qui répond à l'an 1750 de l'Ere de Callisthène, & que ce ne fut qu'un an après qu'on livra la bataille de Platée. Voy. ci-après les *Fastes de l'Empire des Perses.*

audacieux à l'abordage , plus aguerris contre des ennemis qu'ils avaient déja défaits , remportèrent une victoire complette , & l'incendie d'Athènes fut vengé.

Xerxès, arrêté avec ses trois millions d'hommes par trois cents Spartiates aux Thermopyles, à demi-vaincu à Artémise, défait complettement à Salamine , se croyait dans un monde nouveau ; la vérité , qu'aucun de ses esclaves n'avait osé lui dire, l'éblouissait de sa lumière importune ; il voyait enfin qu'une poignée d'êtres libres influe plus sur la destinée du globe que des millions d'automates dirigés par un Despote ; tout-à-coup la terreur le saisit ; il ne se croit plus en sûreté au milieu de l'armée innombrable qui lui reste encore , & il va chercher un asyle au sein de la Perse , contre Thémistocle & les vengeurs de Léonidas.

Le départ arrêté, le Roi laissa Mardonius en Grèce , avec trois cents mille

hommes, pour dévaſter du moins le pays
qu'il ne pouvait ſubjuguer ; enſuite il
s'avança avec les débris de ſes trois millions d'hommes , vers l'Helleſpont ; la
marche des troupes fut de quarante jours ;
& comme on n'avait point fait de pro-
viſions de vivres , les Perſes , réduits à
toutes les horreurs de la famine, furent
obligés de brouter l'hérbe avec les bêtes
de ſomme qui portaient leurs bagages ;
l'épidémie qui réſulta de cette nourriture
peu faite pour l'homme , emporta plus
de ſoldats que le fer des Grecs n'en
avait moiſſonnés à Salamine & aux
Thermopyles.

Cependant Xerxès , qui voyait ſon
armée marcher toujours trop lentement
au gré de ſa terreur , prit les devants
avec quelques cohortes d'élite ; arrivé à
l'Helleſpont , il trouva ſon nouveau pont
briſé par une tempête , & toujours tour-
menté par ſon inquiétude , il paſſa le
détroit ſur un petit navire , peu différent
d'une barque de pêcheurs , afin de mettre

la mer entre lui & les vainqueurs de Salamine.

Hérodote cite, au sujet de ce trajet sur l'Hellespont, une anecdote qu'il croit peu vraisemblable, mais qui est bien dans le caractère de Xerxès. Ce Prince était à peine au milieu du détroit, qu'il s'éleva un orage; le Pilote, consulté sur le danger, répondit qu'il fallait décharger le navire pour prévenir son naufrage. Alors Xerxès ne craignit point de proposer aux Perses qui s'étaient embarqués avec lui de mourir pour le sauver ; ce qui n'est pas moins étrange, c'est que ces hommes, devenus les égaux de leur Roi par le péril qu'ils partageaient avec lui, acceptèrent son offre, & se précipitèrent dans la mer. Le Monarque, arrivé sur le rivage, donna une couronne d'or au Pilote, pour le récompenser d'avoir sauvé la vie à son Souverain, ensuite, pour le punir d'avoir laissé périr ses Satrapes, il lui fit couper la tête.

Cependant Mardonius ne fut pas plus

heureux en Europe avec ſes trois cents mille hommes, que Xerxès ne l'avait été avec ſon armée entière; les Grecs lui livrèrent bataille à Platée, & le défirent, graces à la ſage conduite de l'Athénien Ariſtide, & de la valeur du Roi de Sparte, Pauſanias. Ce dernier, qui n'avait avec lui que ſept mille hommes, n'héſita pas à ſe jetter au milieu des bataillons des Perſes, en fit un grand carnage, & força Mardonius, dangereuſement bleſſé, à prendre la fuite avec les débris de ſon armée (*a*). Hérodote ajoute à ce récit de Ctéſias, que ces cohortes fugitives s'étant retirées dans leurs retranchemens, les Athéniens, réunis avec les Spartiates, vinrent les y forcer, & qu'ils en firent un ſi grand maſſacre, que des trois cents mille hommes que commandait Mardonius, à peine il en reſta trois mille; Sparte,

***

(*a*) Ctéſias, *Biblioth. Phot. loc. citat.*

dans cette journée mémorable, ne perdit que quatre - vingt - onze hommes, & Athènes cinquante - deux ; on trouva, dans le camp des Perſes, un butin immenſe, & les Grecs en adjugèrent la dixième partie à Pauſanias.

Le même jour que les Généraux des Grecs remportaient cette victoire de Platée ſur les débris de la grande armée de Xerxès, leurs Amiraux en remportaient une autre à Mycale, ſur les débris de ſa flotte ; les vaiſſeaux des Barbares furent brûlés ; le camp où étaient renfermés les cent mille hommes qui avaient ſuivi le Roi de Perſe, juſqu'à l'Helleſpont, fut forcé, & il ne manqua rien au triomphe de la Grèce, ſi ce n'eſt la mort de Xerxès lui-même, pour expier l'incendie d'Athènes & l'outrage fait au cadavre de Léonidas.

Telle fut la fin de cette fameuſe expédition de Xerxès, où il voulait que l'Empire de la Perſe n'eût d'autres frontières que le Soleil. Si on calcule les pertes que cauſèrent à ſon armée le fer des Grecs, la famine & les épidémies, on trouve que des trois millions d'hommes qu'il amena dans la Grèce, à peine il en revint en Asie cinquante mille ; cette horrible dépopulation ne peut se révoquer en doute, & il faut la mettre au rang des plus grandes plaies que le despotisme ait faites à l'espèce humaine.

Xerxès était à Sardes, quand il apprit la double défaite de ses troupes à Platée & à Mycale; dévoré d'inquiétudes, & craignant que le Pont-Euxin ne fût pas une barrière suffisante entre lui & ses vainqueurs, il se sauva avec précipitation en Perse ; mais avant de partir, il voulut se venger contre les dieux de la Grèce, du mal que lui avaient fait ses guerriers, & il ordonna à Mardonius de brûler les temples des villes Grecques qui étaient encore en son pouvoir.

Mardonius, pour surpasser encore l'attente de son Souverain, voulut commencer par brûler le temple de Delphes, le plus riche du monde connu, puisque celui de Bélus était en ruines ; mais la ville appartenait à ses habitans ; le Général Perse en fit le siége ; les Delphiens, pour défendre leur patrie & leurs dieux, firent des prodiges de valeur. Heureusement pour eux, pendant que les Barbares montaient à l'assaut, il survint une orage épouvantable ; les assiégeans crurent que le ciel voulait punir leur sacrilége ; ils se retirèrent en désordre ; les Grecs les poursuivirent, en firent un grand carnage, & Mardonius y fut tué (*a*).

---

(*a*) Tel est le récit de Ctésias ; il porte avec lui tous les caractères de la vérité : voici maintenant le Roman d'Hérodote.

» Quand on sçut à Delphes que les Perses » approchaient les habitans épouvantés, consul- » tèrent le dieu, pour savoir ce qu'ils feraient » des trésors renfermés dans son sanctuaire ; » l'Oracle répondit qu'il ne fallait point toucher » aux richesses du temple, & qu'Apollon était » assez puissant pour les défendre contre des » sacriléges. Les Delphiens, tranquilles pour

Les Lieutenans de Xerxès, en Asie, furent plus heureux que Mardonius, & on prétend que tous les temples des Grecs

---

» leur dieu, songèrent à leur propre sûreté; ils
» abandonnèrent la ville, & il n'y resta qu'un
» devin & soixante hommes.

» Quand les Perses furent au pied des rem-
» parts, le devin fut témoin d'une grande mer-
» veille; c'est que les armes sacrées que ce dieu
» tenait renfermées dans son sanctuaire, mar-
» chèrent d'elles-mêmes, & s'allèrent placer hors
» des murs du temple.

» Ce prodige ne fut pas le seul. Quand les
» Barbares voulurent entrer dans le temple pour
» le piller, il s'éleva tout-à-coup une tempête
» effroyable; la foudre éclata à diverses reprises
» sur ces sacriléges; les deux cîmes du Parnasse
» se détachèrent de la montagne, avec fracas,
» & vinrent en écraser un grand nombre; les
» autres prirent la fuite, mais deux phantômes
» de héros les poursuivirent avec acharnement,
» & achevèrent de les tailler en pièces. On voit
» encore aujourd'hui les rochers énormes qui se
» détachèrent du Parnasse pour servir la ven-
» geance d'Apollon «. Voyez Hérodote *Urania*,
ou lib. 8.

furent brûlés dans cette partie du monde, à l'exception de celui de la Diane d'E-phèfe.

Xerxès, de retour à Suze, ne retrouva pas le repos de l'ame qu'il cherchait ; le repos n'eft pas fait pour les tyrans. Ce Prince éprouva, de la part de fa famille, des coups plus cruels que ne lui en avaient porté les Thémiftocle & les Léonidas, & le vautour, qui commençait à dévorer le cœur de ce Prométhée, ne l'abandonna qu'au moment où il fut affaffiné.

A peine Xerxès était-il entré dans fon palais, que Mégabyfe, fon gendre, vint accufer fa femme d'adultère (a) ; cet éclat les couvrit tous d'opprobre ; mais la Cour oublia bien-tôt les faibleffes de la fille du Roi, pour s'occuper des attentats de la mère ; il s'agit ici de l'hiftoire des vengeances d'Ameftris, & voici la pre-mière fcène de cette fanglante tragédie.

______

(a) Ctéfias, *loc. citat.*

Xerxès, étant encore à Sardes ( *a* ), s'était épris d'un amour violent pour la femme de Mafiftès, fon frère ; mais l'or qu'il fit briller à fes yeux, fon titre de Roi des Rois, rien ne put la corrompre ; il crut que fon ame s'ouvrirait à une autre forte d'ambition, & il donna en mariage Artaïnte, fille de cette Princeffe, à Darius, l'héritier préfomptif de fa Couronne ; mais la vertu de cette héroïne refta iné-branlable. Xerxès, peu accoutumé à tant de réfiftance de la part d'un fexe timide que fon orgueil dédaignait, alla porter à la fille les hommages que la mère avait reçus avec indifférence. Ce Prince féduifit aifément un enfant fans expérience, & bien - tôt fes amours avec Artaïnte de-vinrent le fcandale de la Perfe.

Ameftris, femme de Xerxès, & qui avait long-tems régné fur fon cœur, ne

---

( *a* ) Les détails fuivans font du 7ᵉ, & fur-tout du 9ᵉ livre d'Hérodote.

put voir, sans fureur, qu'on lui donnât une rivale; cette Princesse, qui avait l'ame atroce de Médée, avec son génie, résolut, avant d'éclater, de se convaincre par elle - même de l'infidélité de son époux; elle lui fit présent d'une robe magnifique, tissue & brodée de ses mains. Artaïnte ne manqua pas, comme Amestris l'avait prévu, de la demander à son amant; elle l'obtint, & l'ayant fait couper à sa taille, elle osa, pour humilier la Reine, s'en vêtir, la première fois qu'elle parut à la Cour.

Amestris outrée trama, dans le silence, une vengeance atroce. Ne pouvant se figurer qu'un enfant, dont l'ame semblait encore neuve aux intrigues de l'amour, cherchât à la braver, elle attribua le prétendu complot à la mère d'Artaïnte; & voici comment elle l'en punit. Il y avait un usage, établi de tems immémorial à la Cour de Perse, lors de l'anniversaire de la naissance de ses Souverains; ce jour - là, le Roi ne pouvait se difpenfer d'accorder à fon époufe tout ce qu'elle lui demandait. Ameftris demanda qu'on lui livrât la mère d'Artaïnte. Xerxès, qui prévit l'horrible dénouement de cette tragédie, frémit ; mais enchaîné par l'exemple de fes prédécefleurs, ce Prince, accoutumé à braver les loix, refpecta un ufage abfurde, & la furie couronnée vit remettre entre fes mains fa victime.

Xerxès, dans l'intervalle, fit appeller Mafiftès fon frère, & le prépara aux effets terribles de la vengeance d'Ameftris ; il lui dit qu'il fallait fe féparer de fon époufe, & lui offrit de la remplacer en lui donnant une de fes propres filles en mariage ; Mafiftès, amant aimé, ne put fe réfoudre à un pareil facrifice ; alors le Roi furieux lui déclara qu'il n'aurait ni l'époufe que fon cœur réclamait, ni celle qui devait la remplacer, & il le chafla ainfi de fa préfence.

Ameftris, pendant l'entretien de Mafiftès avec le faible Monarque, fe fit amener fa victime tremblante , & malgré les larmes qu'elle lui vit répandre , elle la fit enchaîner par fes Satellites , ordonna qu'on lui coupât le fein , la langue , le nez & les oreilles , qu'elle fit jetter aux chiens en fa préfence , & la renvoya ainfi mutilée dans la maifon de fon époux.

Ce crime n'était pas le premier d'Ameftris. Cette femme , qui uniffait les fombres terreurs de la fuperftition aux violences de l'amour, quelques années auparavant, avait fait brûler vifs quatorze enfans des meilleures maifons de Suze , pour les offrir en facrifice à Arimane ; & voilà les monftres dont Xerxès refpectait la vie , comme s'il eût rougi d'être le feul de ces êtres contre nature à qui il eût été donné de faire les malheurs de la Perfe.

Cependant Mafiftès , à la vue de fa femme mutilée & expirante , réfolut de délivrer fa patrie du joug de fes Tyrans. Il fe hâta de fe rendre dans la Bactriane , dont il était Gouverneur, pour soulever les peuples, & opérer une révolution dans la Perse. Malheureusement Xerxès, qui pressentait les suites de ce départ précipité, fit suivre le Prince par un corps de cavalerie, qui l'atteignit & le massacra, avec ses enfans, avant qu'il fût parvenu sur les frontières de son Gouvernement. Hystaspe, frère de Darius, succéda à son oncle dans la Satrapie de la Bactriane.

Xerxès se dégoûta bien-tôt d'Artaïnte, cause de tant de désastres; son ame était déja en proie à ses remords; l'ennui, ce redoutable ennemi de tout homme qui a fait divorce avec la nature, vint y ajouter ses poisons. C'est alors que ce Prince promit, par un édit public, une récompense à qui inventerait un nouveau plaisir (*a*); mais l'homme ne crée point de plaisirs hors de lui-même; il s'agite,

_______________

(*a*) Valer. Maxim. lib. 9, cap 2.

il fe diftrait , mais il n'y a point de bonheur pour lui fans vertu.

Quand Xerxès, dans le fond de fon
Serrail , eut cherché quelque tems à
ranimer fes fens , dégradés par les jouiffances de la débauche , il fe trouva un
Arbace qui vint délivrer la Perfe de ce
nouveau Sardanapale ; on l'appellait Artabane , & il était comme le Guerrier de
Ninive , Capitaine des gardes de fon
Souverain ; mais il n'égalait fon modèle
qu'en courage ; du refte , c'était un fcélérat dévoré d'ambition , qui mettait fon
génie à procurer l'impunité à fes crimes ,
& qui faifait gloire d'aller au Trône par
l'échaffaut. Il s'ouvrit à Spamithres , un
des Eunuques du palais , qui l'introduifit ,
dans l'ombre de la nuit , jufqu'auprès du
lit où Xerxès repofait , & là Artabane
perça fon Roi de plufieurs coups de cimeterre , qui le firent paffer des bras du
fommeil dans ceux de la mort (a) ; cet

---

(a) Créfias , *loc. citat.* Diod. Sicul. lib. 11,

évènement tragique arriva l'an 1765 de
l'Ere de Callifthène. Xerxès avait étendu
fon fceptre d'àirain fur la Perfe, pendant
l'efpace de vingt-un ans.

---

Juftin, lib. 3 ; il n'y a que le Compilateur
Ælien qui faffe affaffiner Xerxès par Darius,
fon fils, comme fi cet Ecrivain avait été gagné
par Artabane pour en impofer à fon fiècle & à la
poftérité. *Hift. var.* lib. 13 , cap. 3. Voyez le
chapitre qui fuit pour l'éclairciffement de ce
problême.

# RÈGNE D'ARTAXERXE I,

## Surnommé *LONGUEMAIN* (a).

ARTABANE, couvert du fang de Xerxès, n'était encore qu'au milieu de fon crime. Il lui fallait bien d'autres victimes royales pour s'affeoir, fans péril, fur le Trône de Cyrus ; le Monarque qu'il avait affaffiné avait trois fils, Darius, que la Perfe regardait comme l'héritier préfomptif de fa Couronne, Artaxerxe, & un Hyftafpe, Satrape de la Bactriane, qui, dans ces momens de trouble, était retiré dans fon Gouvernement.

---

(a) Créfias, *Biblioth. Phot.* cod. 72, Diod. Sic. *Hift. Univ.* lib. 11 , Plutarch. *in vitâ Artaxerxis.* Le nom de *Longuemain* a été donné à ce Prince, parce que fes mains étaient fi longues, qu'étant droit, il pouvait en toucher fes genoux. Strab. *Géog.* lib. 15.

Darius, comme le plus dangereux
des concurrens d'Artabane, fut le premier à qui il adreſſa ſes coups. La même
nuit où ce Catilina de la Perſe avait
égorgé ſon Souverain, il alla accuſer
Darius, auprès de ſon frère, de l'avoir
aſſaſſiné pour envahir ſa Couronne ; le
faible Artaxerxe crut à ce parricide, &
ſe faiſant accompagner des gardes d'Artabane, il alla, à ſon tour, plonger ſes
mains dans le ſang de Darius. Tout
réuſſiſſait au gré de l'audacieux conſpi-
rateur ; mais le ciel ne permet pas que
les grands crimes ſoient toujours heureux. Artabane, prêt à frapper Artaxerxe,
eut l'indiſcrétion de s'ouvrir à Mégabyſe,
qui trahit ſon ſecret, & il fut mis à mort
par l'ordre du nouveau Roi. Le récit
de Diodore eſt encore plus conforme au
caractère du ſcélérat que les faits ont ſi
bien deſſiné. S'il en faut croire cet Hiſtorien, Artabane ne s'amuſa point à chercher de nouveaux complices ; après le
meurtre de Darius, il ſe rendit, avec

ſes fils, chez Artaxerxe, & pendant que ce Prince lui parlait avec amitié, il tira ſon cimeterre, & l'en frappa. Comme le coup n'était parti que d'une main que le trouble avait égaré, la bleſſure fut légère, & le Roi, s'élançant à ſon tour ſur ſon aſſaſſin, lui ôta la vie.

Le lendemain de cette nuit terrible, tout le myſtère de la conjuration fut dévoilé; Artaxerxe fit alors arrêter Spamithrès, le complice d'Artabane, & le condamna à périr entre deux bateaux; nous avons parlé de ce ſupplice, le plus épouvantable qu'ait jamais imaginé, pour aſſouvir ſa vengeance, l'imagination des Deſpotes.

Cependant Hyſtaſpe (*a*), du fond de

_____

(*a*) On lit dans l'édition du Ctéſias que j'ai ſous les yeux, *Artapane;* mais c'eſt évidemment une faute gliſſée par la négligence des copiſtes dans les anciens manuſcrits; le texte des livres originaux n'a vraiment commencé à acquérir quelqu'authenticité, que depuis la découverte de l'Imprimerie.

la Bactriane, apprit les révolutions qui avaient conduit au Trône Artaxerxe ; il arma les peuples de fon Gouvernement , & marcha contre fon frère ; la première bataille ne décida rien ; la feconde termina la guerre ; il eft probable qu'Hyftafpe y fut tué, car l'Hiftoire, de ce moment, garde le filence le plus profond fur fa perfonne. La Bactriane rentra bien-tôt fous le joug des Perfes, & Artaxerxe , par fa victoire, devint paifible poffeffeur de l'Empire de Cyrus.

Ce Prince, pour étouffer jufqu'au germe des difcordes civiles , dépofa tous les Satrapes qu'il foupçonnait attachés à la mémoire d'Artabane , & les remplaça par des hommes intéreffés à foutenir le nouveau Gouvernement. Enfuite il porta fes regards fur l'adminiftration des finances , fur la difcipline des troupes , & fur la légiflation ; par - tout il réforma les abus ; alors les peuples commencèrent à refpirer, & crurent voir renaître un de ces règnes tutélaires qui avait rendu la

Perſe ſi heureuſe ſous les Princes de la dynaſtie de Keyomaras.

On peut juger de l'attention d'Artaxerxe à ne mettre, à la tête des tribunaux, que des Magiſtrats incorruptibles, par le trait de Rhacocès ( *a* ). Ce Perſe avait ſept enfans , dont le dernier, nommé Cartomès, empoiſonnait ſa vie par la licence de ſes mœurs, & par ſes déſordres. Rhacocès , après avoir épuiſé, pour le ramener, toutes les reſſources paternelles, le traîna lui - même devant les Juges, fit le tableau de ſes crimes , & demanda ſa mort. Le tribunal n'oſa pas prendre ſur lui de prononcer une pareille ſentence , & l'accuſé fut conduit, avec l'accuſateur, au palais d'Artaxerxe ; Rhacocès ne ſe démentit point devant le Monarque , & il lui prouva qu'il était de l'intérêt public que Cartomès fût envoyé au ſupplice. Artaxerxe , admirant la force

______

( *a* ) Voy. Ælien, *Hiſt. var.* lib. 1 , cap. 34.

d'ame de ce père infortuné, le fit membre du premier tribunal de la Perfe.
» Voilà, dit-il, le Juge qu'il faut à la
» nation ; qui pourra le corrompre, puif-
» qu'il a le courage de ceffer d'être père
» pour être citoyen « ?

Lorfqu'Artaxerxe, par fa fage adminiftration, eut fait renaître l'ordre dans
l'intérieur de la Perfe, il fongea à réta-
blir, aux yeux des étrangers, la gloire
de fon Empire, éclipfée par les défaites
de Platée, de Salamine & de Marathon ;
mais ce projet, digne de fa grande ame,
ne put être exécuté. La Grèce, depuis
l'invafion de Xerxès, connaiffait le fecret
de fa force ; elle favait qu'une poignée
d'hommes libres fait toujours face, avec
fuccès, à des millions d'efclaves ; on ne
pouvait la vaincre qu'en la divifant, &
l'harmonie la plus parfaite régnait entre
fes grandes Républiques.

Cependant Athènes, par fa jaloufie
contre fes grands hommes, fut fur le
point de livrer elle-même la Grèce à

Artaxerxe ; elle venait d'exiler Thémiftocle, le vainqueur de Salamine, & le fléau éternel des Perfes ; ce Héros, qui n'avait pas affez de grandeur d'ame pour fouffrir en filence que fa patrie eût des torts envers lui, alla demander, au fils du Roi qu'il avait vaincu, un afyle contre fes concitoyens (*a*). Il y avait, au refte, bien· de la hardieffe à ce célèbre transfuge de s'aller jetter ainfi entre les bras d'Artaxerxe ; car ce Prince avait mis fa tête à prix, & toute la côte de l'Afie mineure était pleine d'émiffaires chargés de découvrir fa retraite ; Thémiftocle, trompant leur vigilance, fe rendit dans une petite ville d'Æolie, d'où un de fes amis le fit partir pour Suze, renfermé dans

---

(*a*) Diodore & Strabon tranfportent fons le règne précédent l'évafion de Thémiftocle en Perfe ; nous ne pouvons admettre cette opinion, foit parce qu'elle bleffe la vraifemblance, foit parce qu'elle ne peut fe concilier avec la Chronologie.

un char couvert. Ses conducteurs avaient ordre de publier qu'ils conduisaient une jeune vierge Grecque à un des premiers Satrapes de la Perse.

Lorsqu'Artaxerxe vit dans son pouvoir le Héros dont il redoutait le plus le génie & la bravoure, il fit éclater une joie immodérée; il crut avoir conquis la Grèce en conquérant ce grand homme; la nuit même son image se retraçant vivement dans sa mémoire, il s'écriait, en dormant: *Je suis donc maître de Thémistocle!*

Si le vainqueur de Salamine eût été, sous le règne précédent, demander un asyle à Xerxès, ce farouche Despote aurait payé cet acte de confiance en envoyant sa victime au supplice; Artaxerxe, plus politique ou plus généreux, fit l'accueil le plus favorable à Thémistocle; il commença par lui donner les deux cents talens qu'il avait promis à celui qui lui apporterait sa tête; il lui fit épouser la fille d'un de ses Satrapes, l'admit à sa table & à toutes ses parties de plaisir,

& sa faveur fut si grande, qu'elle rendit jaloux jusqu'aux Eunuques du palais, accoutumés à gouverner les Rois de Perse.

Dans la suite, l'intérêt du Roi ayant exigé que Thémistocle fît sa résidence dans l'Asie mineure, la Cour l'envoya à Magnésie, & on lui assigna le revenu de trois villes pour son entretien; l'une devait lui fournir le pain, l'autre le vin, & la dernière tous les autres alimens qu'on servait à sa table. L'Athénien vécut heureux dans Magnésie, jusqu'à ce que nommé pour commander l'armée des Perses contre les Grecs, il se vit réduit à l'horrible alternative d'être ingrat envers son bienfaiteur, ou de déchirer lui-même les entrailles de sa patrie; nous verrons bien-tôt comment sa grande ame échappa à ce double péril. Il ne faut point intervertir l'ordre des évènemens.

Artaxerxe s'était trompé, sans doute, quand il avait cru que maître de Thémistocle, il tenait dans ses mains les deſtinées de la Grèce ; il ne ſavait pas que dans un pays libre tout citoyen qui s'arme pour ſa défenſe , eſt un héros , & que quand il s'agirait ſur-tout de combattre les Perſes, tout Spartiate deviendrait un Léonidas , & tout Athénien un Thémiſtocle. Ce Prince, dans la nouvelle guerre qu'il porta dans la Grèce , fit une cruelle expérience de cette vérité inconnue aux Deſpotes.

Athènes avait confié à Cimon le commandement d'une flotte qui croiſait vers l'Helleſpont ; ce digne fils de Miltiade deſcendit dans l'Aſie , conquit Amphipolis, délivra Byzance du joug des Barbares , ſubjugua la Carie & la Lycie , & fit trembler, dans Suze , le ſucceſſeur de Xerxès, en le menaçant d'une invaſion dans la Perſe.

Cimon ne fut arrêté , dans le cours de ſes conquêtes , que par la réſiſtance d'Eione (*a*). Buris , Gouverneur de cette

______

(*a*) Plutarch. *in vitâ Cimonis.*

ville de Thrace, logeait l'ame d'un Grec dans le corps d'un Perſe; il ſe défendit avec une bravoure incroyable; quand il s'apperçut que les vivres lui manquaient, il jetta, du haut des remparts, dans le fleuve Strymon, tout l'or & l'argent qui ſe trouvait dans la ville; enſuite, il fit allumer un grand bûcher dans ſon palais, égorgea ſa femme, ſes enfans, & ſe précipita dans les flammes. Cimon, maître d'Eione, verſa des larmes ſur le ſort de Buris: larmes non moins honorables pour le vainqueur, que pour la mémoire de l'infortuné qui les faiſait répandre.

Cimon, maître de la plus grande partie de l'Aſie mineure, ne laiſſa pas reſpirer les Perſes; il alla, avec deux cents voiles vers l'embouchure du fleuve Eurymédon, attaquer la flotte ennemie qui en avait trois cents cinquante, la mit en déroute, & prit deux cents vaiſſeaux. Une armée de terre, campée ſur les bords de l'Eurymédon, était chargée de ſoutenir cette flotte des Perſes; le vainqueur, profitant de l'ardeur de ses soldats, osa, avec des troupes fatiguées par un long combat, tenter une descente en présence d'un ennemi vigoureux & supérieur en nombre; son audace lui réussit; les Barbares épouvantés se sauvèrent en désordre, & comme il n'y avait point à leur tête de Gouverneur d'Eione, on en fit un grand carnage; pour comble de bonheur, le lendemain Cimon ayant appris qu'un renfort de quatre - vingt vaisseaux Phéniciens s'approchait pour joindre les Amiraux d'Artaxerxe, il remonta sur ses navires, & prit ou coula à fond toute cette flotte auxiliaire; après cette triple victoire, le Héros retourna triomphant dans la Grèce, & ne voulant point, pour des services rendus à la patrie, d'autre récompense que celle qui était dans son cœur, il fit servir les prémices des dépouilles ennemies, qu'on lui avait données en partage, à fortifier le port d'Athènes, & à embellir la ville de monumens utiles à ses concitoyens.

Cependant Artaxerxe, effrayé du progrès des armes Athéniennes, vit qu'il était tems d'oppofer à Cimon, le feul Général digne de fe mefurer avec lui ; il voulut que Thémiftocle defcendît dans l'Afie à la tête d'une armée formidable, & un Satrape vint exprès à Magnéfie en faire la propofition, de la part du Roi, à ce fameux transfuge.

Thémiftocle, trop grand pour manquer foit à fa patrie, foit à fon bienfaiteur, ne vit, dans la lettre d'Artaxexe qui le nommait Généraliffime de fes armées, que l'arrêt de fa mort ; il affembla tous fes amis, leur dit le dernier adieu, & prit un breuvage empoifonné qui termina fa vie. Le Roi de Perfe, dont il avait trompé les efpérances, ne put s'empêcher d'admirer fa vertu, & il permit qu'on lui élevât un fuperbe monument dans Magnéfie (*a*).

---

(*a*) Diod. lib. 11, & Plutarch. *in vitâ Themiftoclis.*

Le Roi de Perse, privé de Thémistocle, ne songea plus à se venger des Grecs; il ordonna à Artabase & à Mégabyse, ses Généraux, d'offrir la paix aux Athéniens, & comme la guerre pesait également aux vainqueurs & aux vaincus, le traité ne tarda pas à se conclure. Il fut décidé qu'Athènes, ni les Républiques Grecques ne porteraient plus leurs armes dans les pays de la domination du Roi; mais ce fut à des conditions bien faites pour humilier l'orgueil des Perses.

1°. Toutes les villes Grecques de l'Asie mineure furent autorisées à secouer le joug qu'on leur avait imposé, & à se gouverner désormais par leurs propres loix.

2°. Il ne fut plus permis à aucun vaisseau d'Artaxerxe de voguer dans les mers de l'Archipel; on leur interdit en particulier la navigation depuis le Pont-Euxin, jusqu'aux côtes de la Pamphylie.

3°. Aucune armée Perse n'eut la liberté de s'approcher à la distance de moins de trois jours de marche, de ces mers dont la Grèce affectait l'Empire.

Ainsi se termina cette guerre mémorable qui fit germer, sur une terre indépendante, une race féconde de Héros; mais pendant un demi-siècle qu'elle dura, elle épuisa l'Europe & l'Asie; les Grecs y perdirent au moins cent mille hommes, & les Perses près de quatre millions. Après ces cinquante années de désastres, les vainqueurs & les vaincus se retrouvèrent au même point où ils étaient avant la guerre, & c'est ce que nous remarquerons mille fois dans les annales des nations; mais les fautes d'un siècle sont toujours perdues pour ceux qui les suivent.

Long-tems avant la conclusion du traité entre les Républiques de la Grèce & Artaxerxe, l'Egypte, qui ne savait jamais ni être libre, ni obéir à ses maîtres, avait secoué le joug de la Perse; un Prince de la Lybie, nommé Inare, s'était mis à la tête des rebelles, & fortifié de l'alliance des Athéniens, il bravait, dans Memphis, toute la puiſſance du Rois des Rois.

Artaxerxe (*a*) leva une armée de quatre cents mille hommes, y joignit une flotte de quatre-vingt vaiſſeaux, & avec de pareilles forces, il chargea ſon frère, Achœmène, de ranger l'Egypte à ſon devoir. Ce Prince, à peine arrivé ſur les rivages du Nil, avant de reconnaître les forces de ſon ennemi, ſongea à lui livrer bataille. Cette imprudence lui coûta cher. Inare le vainquit, le tua de ſa propre main, & renvoya ſon cadavre à Artaxerxe. Ctéſias croit que cette journée fatale coûta cent mille hommes à la Perſe.

Les débris de l'armée vaincue ſe ſauvèrent à Memphis. Cette ville, la plus forte de l'Afrique, avait trois enceintes de murailles ; les Egyptiens en firent le

______

(*a*) Ctéſias, *loc. citat.* Diod. lib. 11, Thucyd. lib. 1.

ſiége, & ſe rendirent aiſément maîtres des deux premières enceintes ; mais les Perſes, retranchés dans la ville intérieure, ne purent être forcés ; on les tint bloqués pendant trois ans, ſans pouvoir les contraindre à capituler, & au bout de ce terme, ils furent délivrés par une ſeconde armée d'Artaxerxe.

Ce fut Megabyſe qui fut chargé de venger la défaite des Perſes & la mort d'Achœménide ; il partit avec deux cents mille ſoldats, & quand il arriva en Egypte, ſon armée, groſſie par les troupes auxiliaires & par la nombreuſe garniſon de Memphis, ſe trouva forte de cinq cents mille hommes. Il y eut une bataille déciſive, où Inare, vaincu & bleſſé, fut obligé de prendre la fuite, & de chercher un aſyle dans les murs de Byblos.

Cette Byblos, qu'il ne faut point confondre avec la fameuſe Byblos de Phénicie, patrie de Sanchoniaton, était ſituée dans une Iſle de Proſopitis, formée par deux bras du Nil, tous deux navigables.

Les Athéniens, qui fervaient de troupes
auxiliaires à Inare, mirent leur flotte dans
un de ces bras, & foutinrent, dans l'Ifle,
un fiége d'un an & demi contre les Perfes. Megabyfe, défefpérant d'entrer dans
Byblos, l'épée à la main, & n'ayant pas
le tems de la prendre par famine, eut
recours au ftratagême qui avait procuré
à Cyrus la conquête de Babylone ; il
faigna, par divers canaux, le bras du
Nil où la flotte d'Athènes était à la rade,
le mit à fec, & ouvrit par-là un paffage
à fon armée pour pénétrer jufques fous
les murs de Byblos. Inare vit alors qu'il
était perdu ; il capitula avec Megabyfe,
& fe rendit, à condition qu'on lui laifferait
la vie ; pour les Athéniens, ils prirent
une réfolution digne des héros des Thermopyles ; ils brûlèrent leur flotte, &
formant un bataillon quarré, ils préfen-
tèrent fièrement le combat aux Perfes.
Le Général d'Artaxerxe, qui favait ce
qu'il en avait coûté à Xerxès, pour réduire
au défefpoir des hommes qui ne favaient

que vaincre ou mourir, prit le parti sage de les laisser retourner dans leur patrie, & c'est ainsi que même dans leurs défaites, les Grecs prouvaient à leurs vainqueurs leur supériorité.

La retraite des Athéniens, & la prise de Byblos, fit rentrer l'Egypte entière sous la domination de la Perse (*a*).

Megabyse, de retour à Suze, après une campagne si glorieuse, n'eut rien de plus pressé que de demander à Artaxerxe la ratification du traité qu'il avait fait avec Inare, lors de la prise de Byblos. Le Roi ne pouvait rien refuser au Conquérant de l'Egypte, & il le ratifia.

Cependant Amytis, inconsolable de la mort de son fils, demandait hautement qu'on lui livrât Inare, pour l'immoler aux Manes d'Achœménide ; on lui représenta vainement la capitulation de Byblos, confirmée par Artaxerxe ; qu'im-

---

(*a*) Tous les détails qui suivent sont tirés uniquement de Ctésias.

porté à une mère la foi des traités & les paroles des Rois ? Elle persista dans ses projets de vengeance ; enfin, après cinq ans d'importunités, elle obtint ce qu'elle demandait ; Inare, enchaîné, fut remis entre ses mains ; elle commença par faire trancher la tête à cinquante Grecs, qui avaient partagé la fortune de sa victime ; ensuite elle fit périr Inare lui-même sur trois croix. Nous ignorons quel était ce genre de supplice, mais il y a de quoi frémir, quand on observe qu'il est de l'invention d'une femme en fureur, chez un peuple atroce qui a imaginé le supplice des deux bateaux.

Megabyse apprit bien-tôt cette infraction solemnelle du traité de Byblos, & il fut outré de voir que le crime d'une femme déshonorât ainsi la Perse aux yeux de l'Asie ; il demanda au Roi la permission de se rendre dans son Gouvernement de Syrie, & dès qu'il y fut arrivé, il fit soulever la province, & y leva une armée de plus de cent cinquante mille hommes. Artaxerxe envoya Oſiris pour le réduire. La bataille ſe livra. Les Généraux ſe cherchèrent dans la mêlée, & ſe battirent avec acharnement; c'étaient les mœurs de ces tems-là, comme on le voit par les Héros de l'Iliade. Oſiris & Megabyſe ſe bleſsèrent mutuellement; mais le premier étant tombé de cheval, ſon adverſaire le couvrit de ſon corps, & le fit emporter hors du champ de bataille. Les rebelles remportèrent une victoire complette, & Megabyſe, n'abuſant point de ſon triomphe, eut la généroſité de renvoyer Oſiris à Artaxerxe.

Le Roi de Perſe ne tarda pas à lever une autre armée pour ranger les Syriens à leur devoir. Le Général, à qui il en confia le commandement, fut Menoſtate, fils d'Arthar, ſon frère, qui était pour lors Satrape de Babylone. Menoſtate ne fut pas plus heureux qu'Oſiris; ſon armée fut miſe en déroute, & Megabyſe ſe vit, plus que jamais, confirmé dans ſon indépendance.

Megabyſe était le plus grand Capitaine de l'Aſie; on fit craindre à Artaxerxe que ce fameux rebelle, après s'être créé une ſouveraineté dans la Syrie, ne portât ſon ambition juſqu'au Trône de Cyrus, & la fierté du Roi ſe pliant aux circonſtances, la Cour députa à Megabyſe, Amytis, ſa femme, Petiſas, fils d'Oſiris & Artoxare, l'Eunuque favori d'Artaxerxe, pour lui offrir la paix; le traité ſe conclut; Megabyſe rendit la Syrie à la Perſe, & vint à Suze embraſſer les genoux du Roi, qui l'accueillit avec bonté, & parut oublier l'affront qu'il avait fait à la majeſté du Trône par ſa double victoire.

Quelques jours après ce grand évènement, Artaxerxe exécuta une partie de chaſſe dangereuſe, où il eut à combattre preſque corps à corps contre un lion. Dans le moment où l'animal furieux ſe dreſſait pour terraſſer ſon ennemi, Megabyſe accourut, lui lança un javelot, & le tua. Le Roi ne vit, dans ſon libérateur, qu'un rival jaloux de ſa gloire,

& dans son premier emportement, il le condamna à perdre la tête. Heureusement pour le Satrape, la Reine Amestris & toute la Cour se réunirent pour demander sa grace ; alors Artaxerxe commua son supplice en un exil sur les bords de la mer Rouge, & cet arrêt, dont l'adoucissement ne sauvait pas l'injustice, fut exécuté.

Megabyse expia cinq ans le crime d'avoir sauvé la vie à son Roi. Au bout de cet intervalle, il s'ennuya de son exil, feignit d'être lépreux pour se dérober à la vigilance de ses gardes, & revint à Suze, si changé, que sa femme elle-même eut de la peine à le reconnaître ; la famille royale, qui l'aimait, s'employa alors pour obtenir son pardon d'Artaxerxe, & l'obtint ; mais il jouit peu de ce retour de prospérité, & il mourut quelques mois après, à l'âge de 76 ans, regretté de toute la Perse, comme le seul Général dont elle pût se glorifier depuis Cyrus.

Après la mort de Megabyfe, Amytis, fa femme, libre de toute contrainte, fe livra, avec emportement, à toute fon incontinence ; les jouiffances les plus illégitimes ne firent qu'irriter fes défirs, & fon tempérament s'en altéra. Le Médecin Grec, Apollonide, appellé pour traiter cette Meffaline, en devint amoureux, & obtint fes faveurs ; mais s'appercevant que fa maladie devenait dangereufe, & dégénérait en phtifie, il ceffa fubitement avec elle tout commerce ; Amytis fut outrée de cet abandon ; elle fit appeller fa mère, & lui demanda, pour grace dernière, de la venger d'Apollonide ; la cruelle Ameftris ne fervit que trop bien fes fureurs ; elle demanda le Médecin Grec au faible Artaxerxe, & après lui avoir fait fubir, pendant deux mois, tous les tourmens qu'inventa fa rage, elle ordonna qu'on l'enterrât vif le jour même que fa fille mourut. Il eft bien extraordinaire que nous ne rencontrions jamais que des Médées à la Cour des fuccefſeurs de Cyrus , & que ces Médées y ayent toujours le droit de vie & de mort ſur leurs victimes ; ce trait ſuffit pour caractériſer la férocité des mœurs de la Perſe , & la dépravation de ſon Gouvernement.

Artaxerxe ſurvécut peu à la mort d'A- mytis , & au ſupplice d'Apollonide ; il mourut après un règne de quarante ans *(a)*, n'ayant point répondu aux eſpérances qu'on avait conçues de lui , lors de ſon avènement au Trône. Les éloges que les Ecrivains lui ont donnés , ſemblent dus , en grande partie , au bonheur qu'il eut de ſuccéder à un monſtre tel que Xerxès ; mais ce titre ne ſuffit pas à l'Hiſtorien des hommes pour faire chérir à la poſté- rité ſa mémoire.

La mort d'Artaxerxe tombe à la fin de

_______________________________

(*a*) Diod. *Hiſt. Univerſ.* lib. 12 , parag. 26. Ctéſias donne à Artaxerxe 42 ans de règne ; mais l'opinion de Diodore ſe concilie mieux avec la Chronologie.

l'an 1805, ou au commencement de l'an 1806 de l'Ere de Callisthène.

Il paraît évident que les Orientaux ont désigné, sous le nom de Bahaman, l'Artaxerxe des Grecs; car ils l'appellaient aussi Ards-hir (*a*), & ils ajoutaient le surnom de Diraz-desb, qui signifie, dans l'ancienne langue Perse, *Longuemain* (*b*). Un nouveau trait de conformité, plus intéressant pour nous

---

(*a*) Voici l'étymologie d'Ards-hir, suivant les annales de l'Orient. Dans le tems que la mère de ce Prince était enceinte de lui, il parut un Astrologue à la Cour de Perse, qui consulté sur son horoscope, répondit en faisant présent à la Princesse d'une boëte contenant un vase plein de lait, & une fleur. Ce don parut renfermer un grand mystère, parce qu'il venait d'un Astrologue, & on donna à Bahaman le nom d'*Ard*, qui signifie une fleur, & celui de *Shir*, qui veut dire du lait. Il n'y a point de traces de cette étymologie ni dans Ctésias, ni dans Diodore.

(*b*) Mirkhond, *Histor.* sect. 16.

que de vains rapports de noms , c'eſt que l'Orient nous repréſente Bahaman comme le protecteur des loix de ſon pays. On nous fait entendre que ſa vigilance à maintenir par tout une juſtice ſévère , fit diſparaître , pour quelque tems , l'inégalité que le deſpotiſme met entre les grands & la multitude.

A la mort de ce Bahaman , le fil qui lie l'Hiſtoire Grecque de la Perſe avec l'Hiſtoire Orientale , ſe caſſe encore ; au lieu de Xerxès II , on voit paraître ſur la ſcène une Princeſſe nommée Homaï , fille de Bahaman , qui ſe trouvant enceinte de lui lorſqu'il mourut , fut déclarée ſon héritière , & dut ainſi ſa couronne à un inceſte ( *a* ) ; nous ſaurons bien-tôt quelle eſt cette Reine de Perſe à qui l'adulation Orientale donna quelquefois le nom de Sémiramis.

---

(*a*) Voyez *Biblioth. Orient.* de d'Herbelot, article *Homaï.*

# DE LA DOUBLE RÉVOLUTION

## QUI PRÉCIPITA DU TRÔNE DE PERSE XERXÈS II, ET SOGDIEN (a).

ARTAXERXE laiſſa, en mourant, un fils légitime, & dix - ſept bâtards ; le fils légitime fut couronné ſous le nom de Xerxès II ; mais dans les Empires ſoumis au pouvoir abſolu , il importe peu à l'ambitieux qui veut régner, qu'il ſoit né de l'épouſe ou de la concubine du Deſpote ; à l'entendre, c'eſt aux honneurs d'un père , & non à l'opprobre d'une mère que la nature l'appelle à ſuccéder , & quand ſon uſurpation eſt heureuſe, ce ſophiſme n'eſt jamais relevé.

______

(a) Ctéſias *Biblioth. Phot.* cod. 72.

Les bâtards d'Artaxerxe étaient d'autant plus forts contre son fils légitime, que ce Prince, élevé toute sa vie avec des Eunuques, semblait avoir fait passer à son ame leur impuissance ; les plaisirs des sens absorbaient toutes ses facultés, & lorsque revenu de l'yvresse de l'amour, il commençait à recouvrer sa raison, c'était pour la reperdre de nouveau dans l'yvresse du vin.

Parmi les bâtards d'Artaxerxe, qui portaient des regards criminels sur sa Couronne, il y avait un scélérat, nommé Sogdien, dont l'esprit était de la trempe de celui d'Artabane, qui massacra le premier Xerxès ; il corrompit la fidélité de Pharnacyas, un des premiers Eunuques du Palais ; & un jour de fête, que le nouveau Roi avait célébré par des débauches de tout genre, sachant qu'on l'avait transporté yvre dans son lit, il entra, vers le milieu de la nuit, dans son appartement, & l'assassina.

Ce Prince ne régna que quarante-cinq

jours ; comme on n'avait pas encore eu le tems de rendre les devoirs funèbres à Artaxerxe, les corps du père & du fils furent portés enfemble au monument des Rois.

Sogdien, maître du Palais, le fut bien-tôt du Trône ; mais comme il n'avait pris aucune précaution pour empêcher le fecret de fon crime de tranfpirer, il devint odieux aux peuples, qui s'attendirent à voir renaître le règne odieux des Cambyfe & des Xerxès.

L'imprudent Sogdien irrita encore l'armée par le fupplice de Bagoraze ; cet Eunuque, un des favoris d'Artaxerxe, était cher aux troupes par fa vigilance à prévenir leurs plaintes fur leur paie & fur leur nourriture ; il avait eu des querelles affez vives, fous le règne précédent, avec Sogdien, & ce Prince, qui ne favait pardonner ni par grandeur d'ame, ni par politique, fous prétexte que l'Eunuque était venu à la Cour fans ordre, le fit lapider.

La tyrannie ne faifait que de naître, & déja les peuples, par leurs vœux, appellaient un vengeur. Le cri de la Perfe indignée parvint jufques dans l'Hyrcanie, dont Ochus, un autre des bâtards d'Artaxerxe, était Satrape ; dans le tems qu'il balançait s'il accepterait l'honneur dangereux d'être chef d'une faction, Sogdien lui donna ordre de fe rendre à la Cour. Ochus, qui connaiffait l'ame féroce de fon frère, fe douta que fa mort pourrait être le prix de fon obéiffance ; & au lieu de partir pour Suze, il leva une armée dans fon Gouvernement ; le bruit s'en répandit bien-tôt dans la Perfe ; alors tous les mécontens fe rangèrent de fon parti. Les principaux furent Arxane, Satrape de l'Egypte, Artoxare, Gouverneur des Arméniens, & Arbar, Général de la cavalerie ; ces trois Seigneurs réunis proclamèrent Ochus Roi de Perfe, & malgré fa réfiftance, lui ceignirent le diadême.

Sogdien, maître de Suze, des tréfors

des Rois, & des principales provinces
de la Perſe, pouvait entretenir long-
tems le feu de la guerre civile; mais
entouré d'hommes dont il s'était aliéné
le cœur, & n'écoutant que des conſeils
perfides, il négligea de ſe défendre, &
le ſang des peuples fut épargné.

Cependant Ochus s'approchait de la
capitale, à la tête d'une armée formidable; avant de commencer les hoſtili-
tés, il envoya propoſer à ſon frère de
lui céder volontairement ſa Couronne,
s'engageant, par ſerment, à lui laiſſer la
vie; le traité portait expreſſément qu'on
ne ferait périr le Prince détrôné ni par la
faim, ni par le fer, ni par le poiſon.
Sogdien, contre l'ordinaire des tyrans,
crut qu'il y avait encore de la bonne foi
parmi les hommes, & ſigna le traité;
mais à peine Ochus ſe vit-il maître de
ſa perſonne, qu'il le fit mourir.

Le Supplice qui termina la vie de
Sogdien, fut inventé par ſon frère, pour
ſe dérober au reproche de perfidie. Il

avait promis, comme nous l'avons vu, de n'abréger les jours de son prisonnier ni par la faim, ni par le fer, ni par le poison ; il fit remplir une tour de cendres, jusqu'à une certaine hauteur, & ordonna qu'on y précipitât Sogdien, la tête la première ; ensuite on remua cette cendre avec une roue autour de ce Prince, jusqu'à ce qu'il fût étouffé (*a*).

C'est avec cet abominable machiavélisme que nous avons vu, dans notre Europe moderne, les Alexandre VI, les Philippe II & les Louis XI, tenter d'étouffer les cris d'une conscience alarmée ; mais l'Historien, juge né des Rois, doit, à cet égard, venger la morale outragée, & infliger un double opprobre à la mémoire des tyrans, qui se jouent ainsi doublement de la vertu par leur perfidie & par leurs sophismes.

Sogdien ne jouit du sceptre qu'il avait

_______________

(*a*) Valer. Maxim. lib. 9, cap. 2.

uſurpé , que ſix mois & demi. Voilà
pourquoi ſon nom , ni celui de ſon pré-
déceſſeur , ne ſe trouvent dans le Catalogue de Ptolémée.

La mort de Sogdien , ainſi que celle
de Xerxès II , tombe à l'an 1806 de
l'Ere de Calliſthène.

# RÈGNE DE PARISATIS,

## *SOUS LE NOM DE DARIUS II, OU DARIUS NOTHUS (a).*

Ochus, le premier jour de son avènement au Trône, prit le nom de Darius ; les Historiens Grecs y ajoutent le surnom de Nothus, qui signifie bâtard, pour le distinguer de Darius, fils d'Hystaspe.

Ctésias ne donne aucuns détails sur la jeunesse de ce Prince ; il se contente de dire qu'il était né d'une concubine d'Artaxerxe, nommée Kismartidène, qu'on avait amenée de Babylone ; que son père le fit Satrape d'Hyrcanie, & que dès que son cœur put parler à ses sens, il épousa Parisatis sa sœur, née d'une autre concubine d'Artaxerxe.

______

(a) Ctésias, *Biblioth. Phot.* cod. 27, Thucyd. lib. 1 & 8. Euseb. *in Chron.*

Parifatis fut la plus féconde des Reines de la Perfe ; car elle donna , à Darius , quinze enfans , dont les deux plus célèbres furent Arface , qui régna , après ce Prince , fous le nom d'Artaxerxe II , & Cyrus , le jeune , dont les malheurs firent naître la fameufe Retraite des dix mille. Arface était né pendant que fon père était fimple Satrape d'Hyrcanie.

Cette Parifatis, profitant de l'efcendant que lui donnait fur fon époux fon génie & fa fécondité, gouverna l'Etat fous le nom de Darius ; elle tint dans fa main tous les évènemens de ce règne , & fa renommée écrafa tellement la ftatue couronnée qu'elle dirigeait , qu'on ne voit qu'avec furprife l'Hiftoire décorer d'un autre nom que le fien le catalogue des Rois de Perfe.

Trois Eunuques eurent le titre de Miniftres de Darius, mais à condition qu'ils prendraient les ordres de Parifatis avant de travailler avec le Roi ; ces Miniftres efclaves étaient Artoxare , Artibazane &

Athoüs. Le premier, dans la suite, voulut secouer le joug ; mais son génie étonné céda à l'ascendant d'une femme, & la chaîne nationale, que tenait Parisatis, acquit un anneau de plus.

C'était un singulier spectacle pour des yeux philosophiques, que de voir l'Empire de Cyrus gouverné par trois Eunuques, qui prenaient les ordres d'une femme. Arsitès, un des 17 bâtards d'Artaxerxe, crut l'occasion favorable pour envahir le Trône, & il parut tout-d'un-coup à la tête d'une armée. Artyphis, le fils du célèbre Megabyse, se joignit à lui, & lui amena un renfort de troupes Grecques, qui lui servirent à remporter deux victoires contre les Généraux de Darius ; mais les émissaires de la Cour trouvèrent moyen de pénétrer dans le camp des rebelles, corrompirent ces Grecs terribles, qui tenaient dans leurs mains le destin des batailles, & par cet artifice, firent changer la fortune. Artyphis, défait à son tour, & abandonné par le Roi qu'il

s'était donné, profita d'une amniftie ac-
cordée par les vainqueurs, & fe rendit.
Darius ne démentit point fon caractère.
A peine eut-il en fon pouvoir le fils de
Megabyfe, qu'il roula, dans fon ame
perfide, les moyens de le faire périr,
fans paraître violer la foi d'une amniftie;
mais Parifatis, plus initiée que lui dans
ces abominables myftères du pouvoir ab-
folu, qu'on appelle coups d'Etat, arrêta
fon bras, prêt à frapper fa victime.

Parifatis, il faut l'avouer, raifonnait
jufte dans fes principes Machiavéliques.
Arfitès était le feul des rebelles qui fût
dangereux; il s'annonçait comme le libérateur de la nation; fon nom pouvait
lui valoir une nouvelle armée; fi on faifait périr fon complice, il ne lui reftait
plus que le parti du défefpoir, celui de
vaincre ou de mourir; pour éviter ces
funeftes extrémités, la Reine engagea
fon époux à combler d'amitiés Artyphis.
Arfitès donna dans le piége; il vint à
Suze implorer la clémence de Darius;

alors la barbare Parifatis ordonna qu'on préparât les cendres de la tour fatale, & fit périr Arfitès & fon Général par le fupplice de Sogdien.

Ce règne odieux de Parifatis ne paraît marqué que par des exécutions fanglantes ; mais toutes ne furent pas également odieufes à la nation ; on fçut gré au Gouvernement d'avoir recherché les complices de Sogdien, pour le meurtre du fecond Xerxès. En effet, on inftruifit le procès de l'Eunuque Pharnacias, & il fut lapidé ; Menoftate, foupçonné, fe fit juftice lui-même, & par une mort volontaire, fe déroba à l'affront de périr fur l'échaffaut.

Tout tremblait dans la capitale au nom de Parifatis ; il n'en était pas de même dans les provinces frontières ; tous ces détails d'adminiftration n'y parvenaient pas ; on favait feulement que le Trône était occupé par un automate, qu'une femme faifait mouvoir, & c'était un germe éternel de révoltes ; Pifuthnès, déja Roi dans la Lydie, dont on l'avait fait Satrape, se laissa tenter par l'ambition de gouverner la Perse, & leva des troupes dans son Gouvernement, pour faire la guerre à Darius. Ce rebelle était d'autant plus dangereux, qu'outre l'ancien Royaume de Crésus, où il dominait, & dont il tirait de l'or & des soldats, il était soutenu par toutes les villes libres de l'Asie mineure. Athènes même lui avait envoyé un Général & des troupes auxiliaires. Tissapherne, qui commandait l'armée de Parisatis, vit bien qu'il n'était pas aisé de réduire le Satrape par la force; il s'occupa à corrompre les Athéniens, dont il redoutait l'expérience & la bravoure, & il y réussit. Ces Athéniens n'étaient plus que la race dégénérée des Miltiade & des Aristide ; ils avaient perdu leur vertu & leur gloire , avec leur heureuse médiocrité ; éblouis par l'or que Tissapherne fit briller à leurs yeux , & devenus plus vils encore que leurs corrupteurs, ils livrèrent aux Perses le Satrape de Lydie , qu'ils étaient venus défendre. Seulement pour sauver les apparences , ils exigèrent du Roi un sauf-conduit pour Pisuthnès , & quand ce frivole gage de la foi de Darius fut arrivé , ils livrèrent , à ses Satellites , leur victime.

On s'attend , sans doute , que le même Machiavélisme , qui avait si bien servi les Tyrans de la Perse , dans la punition d'Arsitès & de Sogdien , ne fut pas oublié dans celle du Satrape de Lydie ; en effet , dès que Parisatis eut ce dangereux rebelle dans son pouvoir , elle l'envoya dans la tour fatale , où il fut étouffé sous un monceau de cendres.

La mort de Pisuthnès n'appaisa cependant pas tous les troubles de la Lydie ; Amorgas , fils du Satrape , rassembla les débris de l'armée de son père , & se maintint avec succès , pendant deux ans , contre toutes les forces de Tissapherne ; il ne se perdit que par l'imprudence qu'il eut de ravager les provinces maritimes

de l'Afie mineure, où il aurait dû chercher des appuis. Alors les Grecs du Pélo-
ponnèfe marchèrent contre lui, le firent
prifonnier, & le livrèrent à Tiffapherne,
qui l'envoya au fupplice.

Le mauvais fuccès de toutes ces révoltes n'en étouffa pas le germe ; tant le
Gouvernement était décrié ! Un Eunuque, qui le croirait ! eut auffi la fantaifie
de fe faire Roi, & cet Eunuque était
Artoxare, le premier Miniftre de la Perfe
fous Parifatis. Dans la crainte que fon
état, auquel tous les peuples ont attaché
de l'opprobre, ne fût un obftacle à fon
ambition, il fit fourdement répandre,
par fes émiffaires, qu'il était homme,
& pour le prouver, il fe faifait attacher,
tous les matins, une fauffe barbe. Cet
artifice ftupide n'en impofa à perfonne.
Les grands ne voulurent point obéir à
un Roi Eunuque ; la femme même du
rebelle confpira contre lui, & le livra à
Parifatis, qui le fit mourir fur un échaf-
-faut.

Il semblait que Parisatis, après avoir rendu inutiles tant de conspirations, & étouffé tant de révoltes, devait désormais régner aussi tranquillement à Suze, que Sémiramis dans l'ancienne Babylone ; mais les Perses, accoutumés à renfermer le sexe esclave dans l'ombre d'un Serrail, ne pouvaient se façonner au joug d'une femme ; les complots naissaient donc des complots, & l'imbécille Darius, qui aurait pu, en gouvernant par lui-même, en anéantir le germe, invisible à ses sujets, & ne sachant qu'il était Roi que par les sentences de mort qu'on lui faisait signer, se félicitait encore, dans les bras de ses concubines, de ce que, grace à Parisatis, le vaisseau politique de l'Etat voguait de lui-même, sans qu'il eût besoin d'en remuer le gouvernail.

La dernière conjuration contre Parisatis, fut celle du Satrape Tériteuchmès, qui s'était allié doublement à la famille royale, en épousant Amestris, fille de Darius, & en donnant Statyra, sa sœur,

en mariage à Arface, l'héritier préfomptif
de la Couronne de Perfe. Ce Satrape
avait une autre fœur, nommée Roxane,
la beauté la plus accomplie de l'Orient;
il en devint éperduement amoureux, &
réuffit à obtenir fes faveurs; dans l'yvreffe
de fa nouvelle paffion, il prit en haine
fa femme, & réfolut de la faire mourir;
mais comme il craignait la vengeance du
Roi, pour fe mettre à couvert de fon
reffentiment, il trama un complot avec
trois cents factieux, pour détrôner Darius
& Parifatis, & régner à leur place. L'intrigue fut découverte par Udiaftès, Favori
du Satrape, qui reçut ordre du Gouvernement d'aller inveftir les conjurés dans
leurs maifons, & de les amener enchaînés
au Palais. Tériteuchmès, à la vue des
Satellites de Darius, fe défendit avec une
bravoure digne d'une meilleure caufe;
il tua, de fa main, trente-fept hommes,
avant de tomber lui-même fous les coups
d'Udiaftès; & Parifatis, qui s'était flattée
de lui faire fubir tous les tourmens que

ſa rage aurait pu inventer, fut réduite à la vaine reſſource d'ordonner qu'on mutilât ſon cadavre.

Cependant cette femme atroce eut bien-tôt occaſion de ſe conſoler de ce que le Satrape, en mourant libre, s'était dérobé à ſa froide barbarie ; on remit entre ſes mains la mère du rebelle, ſes deux frères & deux ſœurs qui luï reſtaient, outre Statyra & Roxane, & enveloppant toutes ces victimes de la tyrannie dans la même ſentence, elle les fit enterrer vives ; l'inceſtueuſe Roxane, cauſe de tous ces déſaſtres, fut coupée en deux, & Statyra elle-même, quoique femme de l'héritier préſomptif du Trône, n'échappa, qu'avec peine, au ſupplice.

Tant de ſang répandu, pour aſſouvir les vengeances d'une femme, rendait de jour en jour le Gouvernement plus odieux aux peuples ; l'Egypte, qui vit Pariſatis occupée, dans ſa capitale, à contenir les mécontens, ſe révolta, & ſe choiſit un Roi, nommé Amyrtée, qui ſe maintint, avec fuccès, pendant fix ans, contre les armées des Perfes ; cet heureux rebelle eut la confolation, en mourant, de léguer, à fon fils, fon indépendance & fa Couronne.

Les Mèdes, de leur côté, fuivirent l'exemple de l'Egypte; mais n'ayant point d'Amyrtée à leur tête, les Généraux de Parifatis ne tardèrent pas à les ranger à leur devoir.

Cependant l'imbécille Defpote de la Perfe, devenant vieil, Parifatis fongea à lui donner un fucceffeur qu'elle pût gouverner; Arface, l'héritier naturel du Trône, ne convenait point à cette Princeffe impérieufe, parce que, quoique fans caractère, il ne lui était point affez devoué; elle jetta donc les yeux fur le jeune Cyrus, fon frère, qui s'était prêté en tout tems à fes caprices, & fes vœux le défignèrent Roi de Perfe.

Pour que les peuples de l'Empire fuffent à portée de connaître ce Prince avec avantage, Parifatis lui fit donner le Gou-

vernement en chef de l'Afie Mineure ;
mais Cyrus répondit, mal à l'attente de
fa mere. Entraîné par fon inexpérience
& par les confeils perfides de fes adulateurs, il ne s'occupa qu'à faire parade
de fon pouvoir ; il donnait audience affis fur un trône d'or ; & quoiqu'il ne fût
qu'un fimple Satrape, il voulait qu'on lui
rendît tous les honneurs qu'on rendait
aux Rois de Perfe.

Il en coûta cher à deux grands Seigneurs pour ne s'être point affujettis à
ce vain cérémonial ; Cyrus les fit arrêter , & quoiqu'ils fuffent neveux de Darius, le Prince qui joignait déjà à fa vanité naturelle la cruauté de fa mere, les
envoya tous deux au fupplice.

Le bruit de ces exécutions parvint à
la Cour, & Parifatis, pour faire ceffer
les plaintes, fe vit contrainte , malgré
elle , de rappeller fon favori. A cette
époque , le vieil Darius fe mourait ;
elle voulut encore employer l'afcendant
qu'elle avait fur l'efprit du Monarque ,

pour l'engager à désigner Cyrus pour
son successeur; mais contre l'attente générale, Darius eut, au lit de la mort,
une volonté qu'il n'avait jamais eue
pendant sa vie, & l'ordre naturel de la
succession au Trône ne fut point in-
terverti.

Darius, qui n'avait été Roi que deux
instans de sa vie, celui où il se fit proclamer, & celui où il conserva sa couronne
à Arsace, dormit sur le Trône de Cyrus
l'espace de dix - neuf ans (a). Sa mort
tombe à l'an 1825 de l'Ere de Callisthène.

Je ne puis m'empêcher, en terminant
l'histoire de ce règne, de faire observer
la conformité qui règne quelquefois entre l'Histoire Perse écrite par les Grecs
& celle qui nous a été transmise par les

_______________

(a) Ctésias le fait régner 36 ans; mais il y a
sûrement une faute de copiste dans les anciens
manuscrits de cet Historien; voyez ci-après le
chapitre des *Fastes de la Perse*.

Ecrivains de l'Orient ; nous en avons vu qui ont fait succéder à Bahaman, qui désigne l'ancien Artaxerxe, une Princesse nommée Homaï, que les Auteurs d'Histoires universelles ont, de concert, rejettée de tous leurs catalogues, parce qu'ils ne trouvaient que des noms de Rois dans la liste grecque des Rois de Perse ; mais quand avec un peu de logique & beaucoup de bonne foi on compare les deux Histoires, on ne tarde pas à s'appercevoir que l'Homaï des Orientaux est la Parisatis de Ctesias (*a*).

Si, dans les annales de l'Orient, on fait succéder Homaï immédiatement à Artaxerxe, c'est que les règnes fugitifs de Xerxès II & de Sogdien n'ont pas mérité d'occuper le burin de l'Histoire. Pourquoi ferait-on un crime aux Orientaux d'avoir oublié les noms de ces Rois

---

(*a*) Voyez la *Biblioth. Orient.* de d'Herbelot, art. *Homaï.*

paraſites, puiſqu'ils ne ſe trouvent pas même dans le canon de Ptolomée.

Quant à Darius le bâtard, ils ont bien fait de le retrancher de la liſte des Rois de Perſe, puiſqu'il n'a régné que dans ſon ſerrail. C'eſt ainſi que le Philoſophe qui écrit l'Hiſtoire de France, ſubſtitue les noms des Maires du Palais à celui des Rois fainéans, dans les faſtes de notre Monarchie.

L'unique différence que je trouve entre Homaï & Pariſatis, c'eſt que la première eſt toujours peinte en beau ; on nous parle ſans ceſſe des monumens qu'elle érigea dans l'Empire, du fameux Palais à quarante Colonnes qu'elle bâtit à Perſepolis, des Pyramides qu'elle éleva, & jamais de ſes forfaits. Mais cette différence n'eſt pas une contradiction ; Pariſatis, dans le cours de dix-neuf ans de règne, a pu, dans les intervalles de ſes accès de tyrannie, conſtruire des Palais & des Pyramides. Ctéſias repréſente cette Princeſſe comme un monſtre

de férocité , mais non comme une femme
fans génie. Si donc l'Orient qui en fait
une nouvelle Sémiramis (*a*) , a gardé le
filence le plus profond fur fes attentats ,
c'eft un effet de cette vanité nationale ,
dont on trouve des traces  dans tous les
pays du globe , où l'hiftoire n'a pas été
écrite par des Philofophes.

---

(*a*) Le livre où ce trait d'adulation orientale
eft confignê , a pour titre : *Leb - Altaovarikh.*
Voy. *Biblioth. Orient. loc. citat.*

# SUITE

## DU RÈGNE DE PARISATIS,

### SOUS LE NOM D'ARTAXERXE II, OU ARTAXERXE MNÉMON (a).

Arsace, à son avènement au Trône, se fit appeller Artaxerxe. Le surnom de Mnémon, par lequel les Grecs le distinguént du fils de Xerxès, fait allusion à sa grande mémoire ; on prétend que ce Prince, dans une vie qu'il prolongea près d'un siècle, n'oublia jamais rien de ce qu'il avait appris ; il est cependant probable qu'il oublia une chose importante qu'il avait apprise des Mages ses instituteurs, c'est-à-dire, l'art de régner.

---

(a) Ctésias, *Biblioth. Phot. loc. citat.* Plutarch. *in vitâ Artaxerxis*, Xénophon, *in expeditione Cyri*, Diodor. *Hist. Universf.* lib. 14.

Plutarque qui quelquefois, avec sa baguette philosophique, crée ou détruit les grands hommes, a donné une place à Artaxerxe parmi ceux dont il écrit l'histoire ; il croyait sans doute ce Prince bien supérieur à Cyrus, puisque, malgré la grande renommée du restaurateur de la Perse, il n'a pas jugé à propos de le mettre en parallèle avec les César & les Alexandre ; il reste maintenant à savoir si Artaxerxe, parce qu'il valait mieux que Cyrus, méritait de devenir le modèle des Rois. Rassemblons des faits, nous jugerons mieux ce Prince, que Plutarque en faisant son apothéose.

Darius n'était pas encore dans le tombeau des Rois, qu'Artaxerxe partit pour Pasagarde, dans le dessein de se faire couronner solemnellement par les Prêtres de la Perse ; c'était là que l'attendait son frère pour lui ôter à la fois le sceptre & la vie. Le signal pour les conjurés était le moment le plus auguste du sacre, celui où le nouveau Roi se dépouillerait de fa robe pour prendre celle de Cyrus. Le complot ne réuffit pas, parce que le jeune Prince fut trahi par le Mage qui avait été fon inftituteur. Artaxerxe furieux condamna, dans le Temple même, fon frère au fupplice ; mais Parifatis prit le coupable entre fes bras, l'enchaîna autour de fon corps avec les treffes de fes cheveux, & donna aux Perfes qui étaient peres, un fpectacle fi attendriffant, que le Roi même fit grace au jeune Cyrus, & le renvoya à Sardes avec fon ancien titre de Gouverneur - Général de toutes les Provinces de l'Afie-Mineure.

Il eft beau fans doute à Artaxerxe de pardonner à un frère qui vient, fous les yeux de la Nation affemblée, l'égorger dans le Temple même où on le couronne. Un pareil trait de clémence eft d'autant plus admirable, que ce n'était pas la vertu favorite des fucceffeurs de Cyrus ; mais enfin ce favori de Parifatis était un fcélérat. Par quelle étrange politique lui confie-t-on le lendemain de fon crime,

la place la plus importante de l'Etat ?
Comment met-on à portée de boulever-
ser l'Empire, un ambitieux dévoré du
defir de régner ? Quel délit avaient à expier les peuples de l'Afie - Mineure ,
pour les faire gouverner par un parricide ?

Ce que l'homme le moins initié dans les
myftères du Gouvernement aurait prévu ,
arriva : le jeune Cyrus fut à peine fur les
confins de la Lydie, qu'il fongea à faire
la guerre à Artaxerxe. Il commença par
lever des troupes dans l'Afie - Mineure ;
& le prétexte qu'il prenait pour colorer
fon audace , était de prévenir une prétendue rébellion du Satrape Tiffapherne.
Parifatis , complice de fon fils , s'occupait pendant ce tems - là à écarter les
foupçons du Roi , à diffiper fes terreurs
& à lui cacher le précipice qu'on creu-
fait au pied du Trône.

Cyrus qui favait le poids énorme que
la Grèce mettait depuis près d'un fiècle
dans la balance politique de l'Afie, eut

auſſi l'adreſſe de mettre dans ſon parti la plus puiſſante de ſes Républiques. Il écrivit à cet effet une lettre aux Lacédémoniens, qui peint à la fois ſon caractère & les mœurs des Perſes. » Envoyez-
» moi, leur mandait-il, vos troupes les
» mieux diſciplinées, je ſaurai reconnaître
» leurs ſervices. Je donnerai un char à
» celui qui viendra à cheval, & un
» cheval à celui qui viendra à pied. Le
» guerrier qui n'a dans ſon pays qu'un
» patrimoine borné, recevra de moi
» un village dans mes Etats; & celui
» qui commandait dans un village, de-
» viendra Souverain d'une ville entière.
» La Nature m'a donné un cœur royal,
» qu'il a refuſé à Artaxerxe. Je ſuis plus
» inſtruit que lui dans les ſciences des
» Mages, & je le force dans un feſtin à
» me céder la palme, *quand il s'agit de*
» *boire.* « Aſſurément une pareille lettre n'aurait pas gagné les contemporains de Leonidas; mais nous avons déjà obſervé que les victoires des Grecs avaient amé-

né la décadence de leurs mœurs ; ainſi Lacédémone ſéduite par les forfanteries d'un Héros qui mettait au rang de ſes exploits celui de boire, lui envoya Cléar- que, un de ſes Généraux, avec un ren- fort de troupes auxiliaires.

Cyrus partit enfin de Sardes à la tête d'une armée formidable de Perſes, dont treize mille Grecs faiſaient la force, & prit le chemin de Suze ; alors les yeux du Roi commencèrent à ſe deſſiller, & ſe rappellant le complot de Paſagarde ; il vit que la clémence, quand la juſtice ne l'éclaire pas, fait le malheur du Prince ſans ſervir à ſa gloire.

Pendant que le Roi était dans les plus vives allarmes, Pariſatis jouait à la Cour un rôle très-embarraſſé ; c'était elle qui avait ſauvé la vie à Cyrus, après l'at- tentat de Paſagarde ; elle avait coloré avec art ſa révolte naiſſante, afin qu'elle pût parvenir à ſa juſte maturité. Tout indiquait qu'elle voulait mettre ſur la tête de ce Prince la couronne d'Artaxerxe. La Cour ne la voyait donc qu'avec ce frémiſſement qui annonce une indignation concentrée. La Reine Statyra, plus franche, l'accuſait hautement des crimes de Cyrus & des malheurs de la Perſe. Au milieu de la haine univerſelle, l'audacieuſe Pariſatis ne ſe déconcerta point, elle parla avec hauteur aux uns, elle acheta le ſilence des autres, & réuſſit tellement à ſubjuguer le Roi, qu'il prit ſes conſeils au lieu de la punir.

Cependant Cyrus s'avançait à grandes journées; Artaxerxe qui, malgré une armée de neuf cent mille hommes, ne ſe croyait pas aſſez fort pour ſe meſurer avec lui, ſe contenta, pour arrêter ſa marche, de faire creuſer un foſſé de trente pieds de large ſur dix - huit de profondeur (*a*), fortifié d'un bon retran-

---

(*a*) Ainſi parle Xénophon, témoin oculaire. Plutarque, qui écrivait pluſieurs ſiècles après, donne à ce foſſé merveilleux cent pieds de large, & autant de profondeur. Voyez cet Hiſtorien, *in vitâ Artaxerx.*

chement; l'ouvrage entier se prolongeait, dans l'espace de quatre cents stades, depuis l'Euphrate jusqu'aux frontières de la Médie. Mais le but pour lequel tous ces grands travaux avaient été entrepris, fut manqué. Cyrus arrivé sur les bords de l'Euphrate trouva un chemin de vingt pieds de large entre le fleuve & le retranchement, qu'aucunes troupes ne gardaient; il traversa donc le défilé avec toute son armée, & vint camper sous les murs de Babylone.

La timide circonspection d'Artaxerxe lui fit un grand tort dans l'esprit de ses soldats. Persuadés que ce Prince n'ayant point la bravoure de son frère, ne pourrait défendre contre lui sa couronne, ils quittèrent en foule ses drapeaux pour se ranger sous ceux de Cyrus; des Satrapes même favorisèrent cette désertion; & Artabare soupçonné d'y avoir eu part, périt, comme les usurpateurs du Trône, sous un monceau de cendres.

Il était tems d'opposer une digue à

un torrent qui menaçait de tout englou-
tir ; tout-à-coup l'armée royale fe préfenta dans la plaine de Connaxa, dif-
tante de cinq cens ftades de Babylone :
on fut obligé d'en venir aux mains , &
une feule bataille décida la grande querelle entre Cyrus & Artaxerxe.

L'armée des Rebelles était compofée
de treize mille Grecs & de cent mille
Perfes. L'armée royale devait monter à
douze cents mille hommes, mais Abro-
camas , un des Généraux qui commandait une divifion de trois cens mille
hommes, n'arriva que cinq jours après
la bataille.

Ce furent les Grecs qui engagèrent la
mêlée ; dès qu'ils fe virent à quatre cens
pas des bataillons avancés d'Artaxerxe ,
ils chantèrent l'hymne du combat , &
marchèrent après, en bon ordre & en
filence. Arrivés à la portée du trait , ils
jettèrent tout-à-coup de grands cris , &
frappèrent avec force de leurs javelots
contre leurs boucliers, afin de mettre du

défordre dans les efcadrons ennemis , dont les chevaux étaient aifés à s'effa-roucher ; l'audace des Grecs intimida les Barbares , & ils s'enfuirent avec précipi-tation , excepté un petit corps de ré-ferve commandé par Tiffapherne.

Cyrus voyant la plaine de Connaxa couverte de Perfes qui fuyaient , voulut couronner fa victoire en pourfuivant les foldats échappés au fer des Grecs. Cléar-que tenta de l'en diffuader. *Eh quoi, lui dit le Prince , prétends-tu qu'au mo-ment où je cherche à me faire Roi , je me montre indigne de l'être ?* & il s'élança au milieu des cohortes fugitives , cherchant Artaxerxe , dont il voulait la vie avant d'ufurper fa couronne.

Avant d'arriver au corps de troupes qui fervait de rempart au Roi , Cyrus fut obligé de foutenir un combat fingu-lier contre Artagerfe. Ce Satrape repro-cha au Prince de déshonorer le nom de Cyrus , qu'il avait l'audace de porter , & tenta de l'en punir ; il lui lança fa javeline avec force : la cuiraffe du Prince, dont la trempe était excellente, ne fut point entamée, mais la violence du coup fut telle qu'il chancela fur fon cheval. Cyrus ne laiffa pas à fon ennemi le tems de redoubler, & il le renverfa mort fur le champ de bataille.

Enfin Cyrus victorieux pénétra jufqu'à la garde d'Artaxerxe; les deux frères s'élancèrent l'un contre l'autre, & renouvellèrent le duel affreux d'Etéocle & de Polynice.

Les Hiftoriens diffèrent entr'eux fur les détails de ce combat fingulier. Dinon, dont l'autorité a paru d'un grand poids à Plutarque, le racontait ainfi : Cyrus ayant écarté la cohorte des gardes, fe précipite fur fon frère, & tue fon cheval fous lui. Artaxerxe fe dégage, monte celui de Tiribafe, & fait face à fon ennemi, qui le bleffe lui-même. Cyrus fe préparait à porter un troifième coup, lorfque le Roi indigné s'écrie : *Il vaut mieux mourir que de fouffrir un pareil ou-*

*trage*, & à l'inftant poulfe fon cheval contre fon frère, qu'il perce de fa javeline. Comme dans le même inftant Cyrus fut affailli d'une grêle de traits, on ne fut jamais pofitivement d'où partait le coup qui ôta la vie au Rebelle ; les Courtifans feuls fe réunirent à en faire honneur à Artaxerxe.

Le récit de Ctéfias ne s'accorde guère avec celui de Dinon. A peine, dit l'Hiftorien de Gnide, Cyrus eut-il tué Artagerfe, qu'il fe fit jour jufqu'au centre de la cohorte des Gardes. Le Roi ne fongea point à fuir, & il fe préfenta avec intrépidité au combat : fon ennemi lui lança fa javeline avec tant de violence qu'elle perça fa cuiraffe & entra de deux doigts dans l'eftomach ; la douleur de la bleffure le fit tomber de cheval, mais un de fes Satrapes trouva le moyen de le dégager & de le conduire fur une petite éminence, où il fe vit bientôt à l'abri de tout danger. Dans l'intervalle, le cheval de Cyrus effarouché était forti

de la mêlée & avait emporté fon maître
au milieu des bataillons ennemis ; comme le crépufcule avait déja fait place à
une nuit fombre, on ne put plus le reconnaître, & il erra quelque tems dans
la plaine, fans favoir où diriger fa route;
malheureufement fa thiare tomba, &
au moment où il fe baiffait pour la ra-
maffer, un jeune Perfe nommé Mithridate, qui paffait par hazard auprès de
lui, le frappa de fa javeline à la tempe;
il perdit tant de fang par cette plaie,
que faifi tout-à-coup d'un vertige violent, il abandonna fes rênes ; fon cheval fougueux fe déroba fous lui, & il
tomba fans connaiffance. Comme il
commençait à reprendre fes efprits,
quelques Eunuques de fa maifon, qui le
cherchaient, s'approchèrent, le recon-
nurent, & le foutenant de leurs bras,
prirent avec lui le chemin du camp. Le
Prince affaibli par les flots de fang qu'il
venait de répandre, marchait la tête
penchée fur l'épaule, & s'arrêtait à cha-

que pas ; il ne femblait ranimé que par les cris d'allégreffe de fes foldats, qui retentiffaient de loin en loin dans la plaine, & qui étaient un gage de fa victoire.

Il était alors près de fes retranchemens, lorfque quelques Cariens, qui fervaient dans l'armée d'Artaxerxe, fe trouvèrent par hazard mêlés comme amis avec les Eunuques qui formaient l'efcorte de Cyrus ; malgré l'obfcurité profonde qui regnait, ils démêlèrent en marchant les cottes d'armes rouges qui diftinguaient les troupes rebelles des troupes Royales ; alors l'un d'eux s'approcha du Prince, & le frappa par derrière de fa javeline, fans le connaître : le coup porta dans le jarret & coupa le nerf. Cyrus vaincu par la douleur, tomba du côté de fa tempe bleffée, & expira fur le champ.

Les cris des Eunuques à la vue de la chûte de Cyrus, raffemblèrent du monde autour du cadavre ; le Satrape Artafyras

qui paffait par hafard auprès de ce grouppe d'hommes confternés, apprit le fujet
de leur douleur, & fe hâta d'en aller
inftruire Artaxerxe. Ce Prince était encore fur l'éminence où on l'avait conduit, étanchant avec peine le fang qui
coulait de fa bleffure, & roulant dans fon
efprit tous les projets finiftres du défefpoir. La nouvelle du Satrape le rendit
à lui-même, & il envoya trente hommes
pour reconnaître de nouveau le cadavre
de Cyrus ; ces trente foldats revinrent
& confirmèrent la nouvelle d'Artafyras.
Alors le Roi fentant fes forces renaître
avec fon courage, vint lui - même fur
le lieu avec une efcorte nombreufe &
des flambeaux, fit couper la tête de fon
frère par Mefabate, un de fes Eunuques,
& la prenant par les cheveux, la montra toute fanglante à fes foldats en déroute. Ce fpectacle fit l'effet qu'il devait
en attendre. Ses troupes fugitives fe raffemblèrent autour de fa perfonne ; &
lorfqu'il rentra dans fon camp, il avait

déja rallié soixante & dix mille hommes.

A la pointe du jour, Artaxerxe conduisit la meilleure partie de son armée dans le camp des Rebelles, il en força les retranchemens , & le livra au pillage.

Cependant, comme les évènemens de cette nuit terrible étaient encore un secret pour une partie des Rebelles , les deux armées se croyaient victorieuses. Les Grecs qui, la veille avaient défait l'aile gauche des Perses , commandée par Tissapherne, ne doutaient pas que sa déroute n'eût entraîné celle des autres corps de bataille. Le Roi semblait encore plus sûr de son triomphe , parce qu'il était maître du camp de Cyrus & de sa tête. Le sort des deux armées s'éclaircit avant que le soleil eût atteint la moitié de sa carrière. Artaxerxe envoya des Hérauts d'armes aux Grecs pour les sommer de se rendre ; ils répondirent avec fierté que le vaincu ne parlait point ainſi à ſes vainqueurs ; qu'au reſte il ne tenait qu'aux Perſes de venir encore ſe meſurer avec eux , & qu'ils étoient déterminés tous, plutôt que de rendre leurs armes , à partager la deſtinée des Héros des Thermopyles.

Le Roi inſtruit par les malheurs de Xerxès & de Darius, ne voulut pas expoſer au haſard d'un nouveau combat le ſort de l'Empire ; mais plein de confiance dans la politique inſidieuſe de Tiſſapherne , ce qu'il déſeſpérait de gagner par la force , il tenta de l'obtenir par une perfidie. Le Satrape traita au nom de ſon Souverain avec les Grecs , & ſe chargea de les reconduire en leur patrie. Il leur en coûta cher pour avoir cru à la bonne foi du Miniſtre d'un Deſpote. Quand ils furent arrivés ſur les bords du Tygre , entre Babylone & les ruines de l'ancienne Ninive , Tiſſapherne attira dans ſa tente les principaux de leurs Officiers , & les fit maſſacrer , à l'exception du Général Cléarque & des Commandans des quatre divisions de l'armée, qu'il envoya enchaînés à Artaxerxe. Ce Prince couronna le crime de son Ministre en faisant tomber sur un échaffaud la tête de ses victimes.

Tissapherne croyait qu'en assassinant les Chefs d'une armée de Républicains, il obligerait les soldats à se rendre; il se trompa; les Officiers morts furent remplacés à l'instant, & à la vue du Satrape, les troupes défilant en bon ordre, prirent le chemin de la Grèce. C'est alors que ces guerriers intrépides, quoiqu'éloignés de leur patrie de six cens lieues, au milieu d'un pays ennemi qu'ils ne connaissaient pas, ayant sans cesse ou les barbares, ou une nature sauvage à combattre, exécutèrent cette marche étonnante si connue sous le nom de la Retraite des dix mille. Nous en réservons les détails pour l'Histoire de la Grèce.

Telle fut l'issue de cette fameuse bataille de Connaxa, qui affermit contre toutes les entreprises des Rebelles, le

Trône d'Artaxerxe. Le Prince qui y périt nous a été repréfenté par Xénophon
comme un héros accompli, digne de
fervir de modèle dans tous les âges.
Pour nous, qui jugeons Cyrus par les
faits & non par les phrafes du difciple
de Socrate, nous le regardons comme
un fcélérat fans génie & fans caractère,
qui ne dut qu'à Parifatis fon exiſtence
politique, & à l'éloquence des Grecs,
fon injuſte célébrité.

Obfervons que c'eſt pour la feconde
fois que ce nom de Cyrus eſt l'écueil
de la plume de Xénophon, & apprenons
à nous défier des renommées, quand c'eſt
la main des Grecs qui les difpenfe.

Artaxerxe, après fa victoire, n'ayant
plus d'ennemis à craindre, pouvait être
généreux fans danger; il ne le fut point,
parce qu'il avait l'ame des Xerxès & des
Cambyfe; il fit couler le fang à grands
flots, & les Perfes, pour la première
fois, commencèrent à gémir fur la mort
de Cyrus.

Le bon Plutarque cite cependant des traits de douceur de ce Prince, le lendemain de la bataille de Connaxa; voici ces traits de *douceur*; je ne fais que tranfcrire l'Hiftorien. Un Mède nommé Arbace, avait quitté les drapeaux de l'armée Royale pendant le combat, & après la mort de Cyrus, était revenu de lui-même dans le camp d'Artaxerxe; le Roi le condamna à porter tout un jour à fon col une courtifanne nue au milieu d'une place publique. Un autre transfuge s'était vanté d'avoir tué deux des ennemis, le Monarque plein de *douceur* lui fit percer la langue de trois alènes.

Le génie d'Artaxerxe était fécond dans la découverte de fupplices finguliers. Le premier acte de fon règne avait été de fe venger du Perfe qui avait découvert à Darius la confpiration de Teritouchmes, en lui faifant arracher la langue non par devant, mais par derrière : genre de fupplice qu'il eft au refte impoffible de concevoir, fi on fuppofe que le Tyran voulait, jufqu'à la fin de l'exécution, conferver la vie de fa victime.

Cependant Parifatis inftruit des évènemens de la journée de Connaxa, fe livra à une douleur infultante pour Artaxerxe ; elle fe retira à Babylone, & demanda hautement qu'on lui livrât les affaffins de Cyrus.

Le premier de ces affaffins était le Roi lui-même ; ce Prince s'était perfuadé qu'il avait tué fon frère ; & comme il y attachait de la gloire, il voulait que tout le monde le crût. Mithridate, qui avait bleffé Cyrus à la tempe, fut récompenfé avec magnificence, mais feulement pour avoir apporté les harnais fanglans de fon cheval. Le Carien qui lui avait coupé le jarret, de fa javeline, reçut auffi un préfent, mais fous l'unique prétexte qu'il avait apporté la nouvelle de fa mort.

Les largeffes de ce Prince commandaient évidemment le filence ; ni l'un ni l'autre n'eurent la politique de le garder. Le Carien, qui le rompit le premier, fut livré par ordre du Roi à Parisatis, qui lui fit donner la question pendant dix jours; au bout de cet intervalle, elle ordonna qu'on lui arrachât les yeux, & qu'on verfât du plomb fondu dans fes oreilles jufqu'à ce qu'il expirât dans cet affreux fupplice.

Mithridate, plus courtifan que le Carien, fut long-tems fans compromettre la vanité d'Artaxerxe; il fallut l'enyvrer pour lui arracher fon fecret, alors on l'arrêta & on le fit périr par le fupplice abominable des bateaux. L'Hiftoire rapporte que ce malheureux, le dix-feptième jour, refpirait encore, & que quand on leva le bateau fupérieur, on trouva que les vers avaient rongé une partie de fes entrailles.

Il ne reftait plus à Parisatis, pour affouvir fa rage fur toutes fes victimes, que de punir l'Eunuque Mefabate, qui, par ordre de fon Maître, avait coupé la tête de Cyrus; mais comme il ne donnaît point de prise sur lui, voici comment s'y prit l'artificieuse mère de Cyrus pour l'avoir en sa puissance. Le trait peint avec la plus grande vérité les mœurs orientales, il montre avec quelle insolence, dans les Empires soumis au pouvoir absolu, on se joue à la Cour de la vie des hommes.

Parisatis jouait parfaitement aux dés, & faisait d'ordinaire la partie d'Artaxerxe. Un jour que ce Prince facile semblait d'humeur à se prêter à tous les caprices de sa mère, elle lui proposa de jouer à la fois mille dariques. La partie se fit ; Parisatis exprès se laissa perdre & paya ; ensuite feignant du chagrin, elle en demanda une seconde, & voulut que le Roi jouât avec elle un Eunuque. Artaxerxe, qui ne se doutait de rien, consentit à tout ; on excepta seulement de part & d'autre cinq des Eunuques les plus fidèles, & il ne vint pas dans l'idée du Monarque d'excepter Mesabate.

Parisatis mit à cette nouvelle partie

toute son adresse & toute son intelligence; aussi elle gagna & elle demanda
Mesabate; dès qu'en vertu de la con-
vention, on eut remis l'Eunuque entre ses
mains, avant que le Roi pût entrer en
soupçon de son horrible vengeance, elle
le fit écorcher vif par ses Satellites, ensuite elle ordonna qu'on l'étendît en travers sur trois croix dressées à deux pieds
de distance l'une de l'autre, pendant que
sa peau sanglante attachée à des pieux
autour de l'échaffaut, repaissait ses regards.

Artaxerxe fut bientôt informé de cette
scène abominable, & il entra chez sa
mère pour lui en témoigner son courroux. Parisatis ne fit que plaisanter de
ses reproches. *Eh quoi ! lui dit-elle,
vous vous fâchez parce que vous perdez
un Eunuque! & moi, j'ai bien perdu mille
dariques, & je ne dis rien.*

On est étonné sans doute de voir Parisatis qui a fomenté la révolte de Cyrus, qui l'a vengé d'une manière in-

fultante à la majefté du Trône, qui a
fait périr dans les tourmens les fujets du
Roi les plus fidèles, on eft étonné, dis-
je, de la voir toujours vivre dans la plus
grande intelligence avec le Monarque
dont elle empoifonne les jours ; mais tel
était l'afcendant de fon génie, que tout
ce qui l'approchait, devait être fon ef-
clave ou fa victime ; elle employait au
refte, pour fubjuguer les efprits, les
voies les plus viles, comme les démarches
les plus audacieufes. Son caractère fou-
ple fe pliait à tout, pourvu qu'on ne lui
réfiftât pas. Plutarque dit qu'elle entrait
dans le fecret des amours d'Artaxerxe,
qu'elle le fervait auprès de fes maitreffes:
ainfi Parifatis protégeait le règne du
Prince dans le ferrail, pourvu que le
Prince favorifât le règne de Parifatis fur
la Perfe.

On peut juger de l'étendue de l'empire que Parifatis exerçait à la Cour, par
l'effai qu'elle en fit fur la perfonne de
Statyra, femme d'Artaxerxe ; cette Fré-

dégonde de la Perfe ne pouvait pardonner à la jeune Princeffe de lui difputer le cœur du Roi, & elle réfolut de l'en punir; le plan de vengeance était difficile à exécuter; Statyra, qui connaiffait l'ame atroce de fa rivale, fe tenait fur fes gardes. Quand elle était obligée, par bienféance, de prendre avec elle des repas, elle fe faifait fervir les mêmes alimens & mangeait les mêmes morceaux; mais Parifatis avait encore plus de génie pour le mal, que Statyra n'avait de défiance. Sachant que la jeune Princeffe aimait beaucoup une efpèce d'ortolan appellé Rhindace, elle le partagea en deux avec un couteau frotté de poifon d'un côté, mangea la moitié faine, & donna l'autre à la jeune Reine. Le poifon était fi actif, qu'avant la fin du repas, Statyra tomba dans d'horribles convulfions, & mourut en demandant vengeance à Artaxerxe.

L'être le plus ftupide devait prendre une ame en voyant cette fcène terrible :

auſſi le Roi ſortit un moment de ſa lé-
thargie, il fit arrêter les eſclaves de ſa
mère, & ordonna qu'on les appliquât à
la queſtion ; il aurait bien voulu faire
ſubir le même ſort à Gigis, confidente
de Pariſatis ; mais la Princeſſe qui ſe
défiait de la faibleſſe de cette femme,
la tint enfermée dans ſon appartement,
& refuſa de la remettre au Capitaine des
Gardes qui venait l'enlever. Gigis s'ennuya bien - tôt de ſa captivité, & pria
Pariſatis de lui permettre de ſe rendre
la nuit dans ſa maiſon ; on la trahit, elle
fut arrêtée au ſortir du Palais, & Artaxerxe la condamna à avoir la tête écra-
ſée entre deux pierres ; c'était le ſupplice
ordinaire des empoiſonneurs.

Gigis avait parlé avant de ſubir ſon
ſupplice, ainſi on ne douta plus à la
Cour que la mort de Statyra ne fût l'ouvrage de Pariſatis. Il ſemblait que le
moment de lui faire expier quarante ans
de crimes, était enfin arrivé, & que le
juſte courroux d'Artaxerxe allait ſuppléer

à l'impuiſſance des Peuples & à la foi-
bleſſe des loix. La Perſe fut trompée
dans ſon attente, Pariſatis ſe contenta
de demander qu'on lui permît de ſe rendre à Babylone ; à peine eut - elle paſſé
quelques mois dans cet exil volontaire,
que l'automate couronné , à qui elle
était néceſſaire, la rappella, & la rendit,
par ſa faibleſſe , plus puiſſante que jamais.

Pariſatis, de retour à la Cour , s'apperçut que le Roi était épris d'une paſ-
ſion violente pour Atoſſa ſa propre fille;
comme l'élévation de cette enfant timide & ingénue ne pouvait faire d'om-
brage à ſon ambition, elle favoriſa de
tout ſon pouvoir cet amour inceſtueux,
& engagea Artaxerxe à le couronner
par le mariage. Le faible Monarque hé-
ſitait à donner à ſes peuples l'exemple
d'outrager la nature. *Eh quoi !* lui dit
Pariſatis, *n'êtes-vous pas ici la loi vivante
donnée par le Ciel même ? N'eſt - ce pas
votre volonté qui crée le crime ou la ver-*

*tu?* On lit dans la même page où Plutarque rapporte ce fait, que Parisatis était une femme *d'un grand sens, & capable de gouverner un grand Empire.* —— Mon sang bouillonne dans mes veines, & mon indignation qui cherche à s'exhaler, s'arrête encore moins sur le blasphême de Parisatis, que sur l'éloge de ce monstre, sorti de la plume d'un Philosophe.

Le mariage incestueux d'Atossa fut le dernier des crimes de Parisatis. Depuis ce moment, l'Histoire ne s'occupe plus d'elle, il est évident qu'elle mourut, puisqu'elle cessa de régner.

La Nature se trompa quand elle donna à Parisatis un sexe qu'elle se plut toute sa vie à démentir. Née pour donner des loix aux concubines de son maître, elle ne prostitua point l'art de gouverner, en l'ensevelissant dans l'ombre d'un serrail. Au milieu de la Cour la plus voluptueuse de l'Asie, son cœur resta toujours inaccessible aux plaisirs de l'amour; elle n'eut rien de cette douce sensibilité dont la femme voile sa faiblesse, & avec laquelle elle nous invite à la protéger. Ce fut un homme enfin, mais un homme paîtri de fiel & de sang comme les Cambyse, les Aurengzeb & les Néron. Quelqu'éloge que l'Orient ait fait de ses talens pour régner, elle n'eut que l'art si facile d'inspirer la terreur. Sa politique ne fut que du Machiavélisme, & son génie de l'audace. Tout homme né avec un esprit d'intrigue & une ame perverse, put faire dans un Empire soumis au pouvoir absolu ce que fit Parisatis en Perse; mais il y a encore bien loin de cette Héroïne des Orientaux aux Sylla & aux Cromwel; & quel est le Génie du mal qui oserait corrompre le livre de l'immortalité jusqu'au point d'y écrire à côté des noms des grands hommes, les noms flétris du Dictateur Romain & du Protecteur de la Grande-Bretagne.

Il est difficile de fixer, à cause du

filence des Hiftoriens , l'époque de la mort de Parifatis , mais le calcul des probabilités conduit à croire qu'elle gouverna la Perfe à - peu - près jufqu'à l'époque de la paix d'Antalcidas , qui tombe la feconde année de la 98ᵉ. Olympiade ; ainfi elle aurait regné les dix neuf ans du règne de Darius Nothus & environ dix - huit de celui d'Artaxerxe Mnémon , ce qui conduirait à placer fa mort à l'an 1842 de l'Ere de Callifthène.

# DE LA PERSE

## PENDANT LA VIEILLESSE IMBÉCILLE DU SECOND ARTAXERXE (a).

LES Grecs avaient profité de l'inertie de la Perſe pendant la longue régence de Pariſatis, pour s'étendre dans l'Aſie Mineure. Le célèbre Agéſilas, à la tète d'une armée de Spartiates, que le luxe n'avait pas encore dégradés, vint couronner leurs conquêtes en remportant une victoire mémorable ſur le Satrape Tiſſapherne : victoire qui entraîna l'indépendance de toutes les Colonies Grecques qui bordaient le Pont-Euxin.

---

(a) Plutarch. *in vitâ Artaxerx.* Xénophon, *Hiſt. Græc.* lib. 4, Diod. Sicul., lib. 14.

Le Conseil d'Artaxerxe fentit que fous une longue minorité ce n'était pas avec du fer, mais avec de l'or, qu'il fallait combattre les ennemis de l'Empire ; auffi on épuifa les tréfors des Rois pour corrompre les Grecs & pour les divifer. Ce fut un Rhodien nommé Hermocrate, qui devint à cet égard l'agent de la Perfe ; il mit tant d'adreffe dans fa négociation, qu'il arma contre Lacédémone une partie du Péloponèfe. Agéfilas rappellé au fecours de fa patrie vit aifément d'où le coup partait. Comme la monnaie d'or des Perfes avait un Archer pour empreinte, il difait à fes amis : *c'eft avec trente mille archers qu'Artaxerxe me chaffe aujourd'hui des pays dont j'ai fait la conquête.*

Parmi les Puiffances rivales de Lacédémone, que l'or des Perfes avait corrompus, on voit avec regret Athènes ; cette République fe ligua avec Pharnabafe, un des Généraux d'Artaxerxe, battit les Lacédémoniens auprès de Gnide, & réuſſit à leur ôter l'empire de la mer. La Perſe, dès ce moment, malgré ſa faibleſſe, tint en main la balance politique de la Grèce.

Quand Lacédémone ſe vit réduite à ſes remparts, outrée de la lâcheté des Athéniens qui s'étaient ligués contr'elle avec les ennemis naturels de la Grèce, elle eut la faibleſſe de s'en venger, en faiſant avec la Perſe un traité qui compromettait ſa rivale, les Colonies de l'Aſie-Mineure & les Puiſſances du Péloponèſe; ce fut Antalcidas, ſon Plénipotentiaire, qui imagina ce plan de conciliation deſtiné à couvrir d'opprobre toute la Grèce, & on nomma la paix générale qui en réſulta, la paix d'Antalcidas.

Le traité ne renfermait que trois articles; par le premier il était ſtipulé que les Iſles de Chypre & de Clazómène, & toutes les Colonies de l'Aſie - Mineure, reconnaîtraient la domination de la Perſe. Le Roi dut alors, à la jalouſie d'Athènes & de Lacédémone, ce qu'il n'aurait pas obtenu fous les Ariftide & les Léonidas, par trente ans de victoires.

Le fecond article portait que toutes les villes de la Grèce, tant grandes que petites, deviendraient indépendantes, & fe gouverneraient par leurs propres loix. — Cet article eft le piége le plus adroit qu'on pouvait tendre à la vanité des Grecs ; car comme les grandes Républiques avaient englouti les petites Puiffances, propofer de rendre toutes les villes libres, c'était morceler toute la Grèce & l'expofer fans défenfe à l'invafion des Conquérans.

Artaxerxe, par le dernier article, devait fe joindre aux Peuples qui accepteraient le traité pour faire la guerre par terre & par mer, à ceux qui refuferaient de s'y foumettre. Les Perfes s'ouvraient par-là une porte pour entrer dans le Péloponèfe quand ils le jugeraient à propos ; & cette porte, l'efclavage entier de la Grèce devait feul la refermer.

Je ne connais rien de ſi ignominieux dans l'hiſtoire des Grecs , que cette paix d'Antalcidas ; la Perſe n'en profita point, parce que de cette époque on ne voit plus ſon Trône occupé par des hommes, mais elle prépara l'invaſion d'Alexandre, & peut-être la conquête de la Grèce par les Romains.

Antalcidas , après la concluſion du traité , alla à Suze pour jouir de la reconnaiſſance des Perſes à qui il avait ſacrifié ſa patrie. Artaxerxe, qui ſe croyait l'Arbitre du monde , parce que ſon or l'avait pacifié , fit au perfide Spartiate l'accueil le plus diftingué ; il lui envoya une couronne de fleurs trempées dans une eſſence du plus grand prix : faveur ſingulière qui excita la jalouſie des Eunuques du Palais & des Satrapes ; mais le traître jouit peu de ſon affreux triomphe. Quand les Perſes n'eurent plus beſoin de ſes ſervices, ils l'abandonnèrent à ſon opprobre. Alors les Ephores inftruiſirent ſon procès , & devenu également

odieux à ſes corrupteurs & à ſes victimes , il ſe laiſſa mourir de faim pour ſe
dérober au ſupplice.

La paix d'Antalcidas donnait à la Perſe
l'Iſle de Chypre ; mais Evagoras, qui
était un de ſes Souverains , n'accéda
point à un traité qui le détrônait ; il
ſoutint, pendant ſix ans , avec quatre-
vingt-dix galères & vingt mille hommes,
une guerre avantageuſe contre les Généraux d'Artaxerxe , qui avaient à leurs
ordres une flotte de trois cens navires
& une armée de trois cens mille hommes ; & enfin aſſiégé dans ſa Capitale
par mer & par terre , & forcé de capituler , il réuſſit encore , moyennant un
tribut qu'il s'engagea à payer , à reſter
Roi de Salamine. Iſocrate dit que cette
guerre contre Evagoras, coûta à la Perſe
cinquante mille talens ( *a* ), ou un peu
plus de 270,833,333 liv. de notre mon-

_____________________________

(*a*) Iſocrat. *in Evagorâ.*

naie. L'Orateur qui évalue si bien la perte des talens, n'a pas jugé à propos de calculer la perte des hommes.

Les Perses furent encore moins heureux contre les Egyptiens que contre Evagoras. Iphicrate & Pharnabase ayant été envoyés pour réduire ces Africains, la division se mit entre les deux Généraux, & la province rebelle se vit confirmée dans son indépendance.

Artaxerxe à qui, depuis la paix d'Antalcidas, ses Eunuques persuadaient toujours qu'il était un grand homme, sortit lui même de son serrail pour combattre les Cadusiens, peuples de l'Atropatène, entre le Pont-Euxin & la mer Caspienne ; son armée était de trois cens mille fantassins & de dix mille chevaux. Quand il fut arrivé dans ce pays hérissé de montagnes, qui ne produisait que du fer & des soldats, tout-à-coup les vivres lui manquèrent ; les fantassins mangèrent les bêtes de somme qui portaient leur bagage, & les cavaliers, les chevaux qui leur servaient de monture. La disette ensuite devint si grande, qu'on y vendait soixante dragmes, ou quarante-trois livres cinq sols, la tête d'un âne ; encore étaient-elles très - rares, & quand on en trouvait, on les servait à la table du Roi.

Tiribase sauva les Perses par un stratagême. Les Cadusiens avaient deux Rois que la jalousie empêchait d'agir de concert, & qui campaient à une grande distance l'un de l'autre. Le Satrape alla trouver le premier dans sa tente, & envoya son fils auprès de l'autre ; chacun des Négociateurs fit entendre au Roi avec qui il traitait, que son Collègue voulait, à son insu, envoyer des Ambassadeurs à Artaxerxe, & qu'il était de son intérêt de prendre les devants pour obtenir des conditions plus avantageuses. L'artifice réussit. Les Ambassadeurs des deux Rois arrivèrent au camp, & vendirent la paix à Artaxerxe.

Plutarque, qui en exposant les preuves

de la vieilleffe imbécille d'Artaxerxe, veut toujours en faire l'émule des Aratus & des Témiftocle , s'eft plu , dans cette guerre malheureufe des Cadufiens , à vanter le courage de fon héros. » Ni la
» robe de pourpre de ce Prince, dit-il,
» ni l'or dont il était couvert , ni les
» pierreries qui brillaient fur fa per-
» fonne , & qui montaient à la fomme
» de douze mille talens , ne l'empê-
» chaient de fe livrer à la fatigue comme
» le moindre des foldats. On le voyait ,
» le carquois fur l'épaule , & le bras
» chargé de fon bouclier , defcendre de
» cheval dans les routes difficiles , fe
» mêler avec fes troupes , & leur faire
» exécuter chaque jour des marches de
» plus de deux cens ftades (a) «.

Il me femble qu'il y a autant d'erreurs que de mots dans le texte du bon Philofophe de Cheronée.

***

(a) Plutarch. *in vitâ Artaxerxis.*

La guerre contre les Cadusiens est à peine antérieure de douze ans à la mort d'Artaxerxe (*a*). Or, Plutarque dit que son héros mourut âgé de quatre-vingt-quatorze ans. Ce Prince était donc plus qu'octogénaire quand, *le carquois sur l'épaule, le bras chargé d'un bouclier, la tête courbée sous douze mille talens de pierreries*, il apprenait à ses soldats à faire à pied des marches de deux cents stades.

Et comment Plutarque concilie-t-il cette robe de pourpre, ces broderies d'or, cet amas de pierreries, avec les exercices militaires qu'Attaxerxe parta-

---

(*a*) La preuve en est simple. Cette guerre ne fut faite qu'après l'expédition malheureuse contre l'Egypte, que les Historiens placent 374 ans avant notre Ere vulgaire, c'est-à-dire à l'an 1856 de l'Ere de Callisthène. Or, Artaxerxe mourut l'an 1869. Ce n'est pas trop que de mettre un an pour lever trois cents mille hommes de pied, & dix mille chevaux.

geait avec ſes ſoldats ? Aſſurément ce n'eſt pas dans cet appareil magnifique que les Cyrus, les Scipion & les Condé ont fait leurs expéditions glorieuſes. Le Prince qui ne quitte jamais le faſte du Trône, eſt plus propre à gouverner des femmes qu'à gagner des batailles.

Il fallait que le diadême d'Artaxerxe fût d'un poids bien énorme, s'il était couvert de pierreries pour douze mille talens, c'eſt-à-dire, pour ſoixante-cinq millions ; aſſurément la tête d'Hercule aurait ſuffi à peine pour le porter, & il eſt bien extraordinaire que Plutarque en charge la tête octogénaire d'un deſpote imbécille qui avait paſſé ſa vie dans l'ombre d'un ſerrail.

Je retrouve le Philoſophe dans la ſuite du récit de Plutarque. » Artaxerxe, dit-» il, de retour dans ſa Capitale, après » avoir perdu l'élite des guerriers de » ſon Royaume, s'apperçut qu'on le » mépriſait à cauſe du mauvais ſuc-» cès de ſon expédition ; il prit alors

» en haine les grands de sa Cour ; il
» fit mourir les uns dans des accès
» d'emportement , & le plus grand
» nombre par crainte; car la crainte est
» une passion sanguinaire dans les Ty-
» rans.

Le reste de la vie du Despote pré-
sente l'image des factions , des troubles
& des crimes qu'on éprouve pendant une
longue & stupide minorité.

Artaxerxe avait trois enfans légitimes
des femmes qu'il avait épousées, outre
cent - cinquante bâtards que lui avaient
donné ses trois cent - soixante concubines (a). Darius , l'aîné des enfans légi-
mes, fut déclaré l'héritier présomptif de
la Couronne, & son pere lui permit de
porter droite l'aigrette de sa thiare , ce
qui en Perse était le privilége des Rois.
Cette nomination fut le germe des dis-
sentions qui déchirèrent l'Empire jusqu'à
la mort d'Artaxerxe.

_______________

(a) Justin , lib. 10.

C'était un usage dans l'ancienne Perse, que le Prince nommé pour succéder au Trône demandait au Monarque de qui il héritait, une grace qui ne pouvait lui être refusée. Darius demanda à son père, Aspasie, celle de ses concubines qu'il aimait le plus ; Artaxerxe gémit, mais n'osant enfreindre un usage plus respecté que les loix, il fit passer sa favorite dans le serrail de son fils. Darius eut peut-être trop peu de discrétion dans son triomphe; quoiqu'il en soit, le Roi, peu de tems après , fit enlever Aspasie , & la renferma, comme vestale , dans un Temple d'Ecbatane.

Darius blessé d'un pareil affront , fit éclater son ressentiment ; il y avait à la Cour un Satrape nommé Tiribase , que le Roi avait joué, dans ses amours, d'une manière bien plus révoltante. Ce Prince lui avait promis sa fille Amestris en mariage , & il l'avait épousé lui - même ; ensuite pour consoler ce Satrape de cette disgrace , il l'avait assuré qu'il lui don-

nerait, au lieu d'Ameftris, Atoffa fa
fœur ; & par un fecond incefte, il l'a-
vait encore privé de cette alliance avec
le fang de fes Souverains. Tiribafe unit
fa querelle avec celle de Darius, & tous
deux confpirèrent pour ôter la couronne
& la vie à Artaxerxe.

Le complot, fur le point d'éclater,
fut découvert par un Eunuque. Le vieil
Monarque, qui voulait connaître par
lui-même tous les complices de l'attentat de fon fils, fit, dit-on, ouvrir une
porte à côté de fon lit, la couvrit d'une
tapifferie, & attendit les conjurés ; au
moment où chacun tirait fon poignard,
il fe fauva par fa porte fecrète, & la
garde accourut pour envelopper les affaffins.

Tiribafe fe défendit avec courage,
tua plufieurs des gardes ; mais un coup
de javeline qu'on lui porta dans le cœur,
le déroba à l'affront de périr fur un
échaffaut.

Darius fut arrêté, jugé par un Confeil

extraordinaire, & condamné à mort ; quand le moment vint de lui faire fubir fon fupplice, l'Exécuteur peu accoutumé à frapper les enfans des Rois, recula d'horreur, & refufa d'accomplir fon miniftère ; mais les Juges l'ayant menacé de le faire mourir lui-même, il rentra dans la prifon, prit Darius par les cheveux, & l'égorgea d'une main mal affurée. C'eft ainfi que ce rebelle expia fon parricide.

D'autres Hiftoriens racontent différemment la mort de Darius ; ils prétendent que prêt à fubir fa fentence, il demanda à parler au Roi, qu'il fe jetta à fes pieds & qu'il employa l'éloquence la plus pathétique pour obtenir fa grace ; mais que le Monarque nonagénaire tira fon cimetère & le maffacra pendant qu'il embraffoit fes genoux. Le crime eft digne d'Artaxerxe. La feule difficulté de l'exécuter le juftifie peut-être ; on n'a pas plus la force à quatre-vingt-dix ans de maffacrer les hommes, qu'on ne l'a à quatre-vingt de marcher à pied dans les montagnes , portant fur fa tête pour foixante-cinq millions de pierreries.

La couronne , après l'exécution de Darius , tombait de droit à Ochus , & la Perfe en trembla , car il promettait d'égaler Xerxès en extravagance , & de furpaffer Cambyfe en férocité.

Ce Prince avait pris fes mefures, même avant la confpiration de fon frère , pour fe faire déclarer héritier du Trône ; comme Atoffa jouiffait d'un grand crédit fur l'efprit d'Artaxerxe , il avait fait parler l'amour pour la féduire. La Reine flattée de l'efpérance d'époufer Ochus après la mort de fon époux , l'avait , dit-on rendu heureux , & ne perdait aucune occafion de lui applanir la route du Trône ; mais le vieil defpote craignait l'ambition du favori d'Atoffa & fes fureurs ; même après le fupplice de Darius, il partageait fa tendreffe entre Ariafpe , le dernier de fes enfans légitimes, & Arfame, l'aîné de fes bâtards ; & la Cour s'attendait à voir l'un ou l'autre nommés au préjudice d'Ochus, pour être un jour l'héritier de fa Couronne.

Ochus menacé d'être fupplanté par deux rivaux, prévint le coup par un double crime.

Ariafpe était né avec les mœurs les plus douces, une grande indulgence pour les hommes, & ce qui en eft la fuite ordinaire, une pente exceffive à la crédulité. Ochus n'employa contre lui que fon génie fécond en artifices ; il corrompit des Eunuques du Palais, & leur perfuada de rapporter au Prince que le Roi l'avait pris en haine, qu'il le foupçonnait d'un complot contre fa perfonne & que fon projet était de le faire périr dans les plus affreux fupplices. Le ftratagême réuffit, & le faible Ariafpe aima mieux s'empoifonner que de tenter de guérir les foupçons prétendus d'Artaxerxe.

Arfane était un rival un peu plus dangereux , parce qu'il avait du courage , une ambition raisonnée & un grand caractère. Ochus ne tendit aucun piége à sa crédulité , mais il arma d'un poignard la main d'Harpate , fils de Tiribase , & ce jeune Satrape alla dans son Palais l'assassiner.

Le vieil Monarque apprit ce double attentat d'Ochus , & le chagrin accéléra sa mort. Il avait dormi un peu plus de quarante-quatre ans sur le trône de Cyrus. Sa mort tombe à l'an 1869 de l'Ere de Calistène.

# DE LA LONGUE TYRANNIE D'OCHUS (*a*).

Plus on avance dans l'Hiſtoire de Perſe, plus on s'attend à trouver ſur le Trône de Cyrus quelque grand homme qui conſole les peuples de la tyrannie ou de la nullité de leurs Deſpotes ; mais ici on ne voit point de Titus qui ſuccède aux Domitiens ; les monſtres ne ſont remplacés que par d'autres monſtres qui les effacent ; c'eſt une ſcène perpétuelle de carnage où il eſt auſſi dangereux de jouer un rôle, qu'il eſt pénible à un Ecrivain ſenſible d'être obligé de la décrire.

_______________

(*a*) Diod. Sicul. *Hiſtor. Univerſ.* lib. 16, Juſtin, lib. 10, Ælian, *Hiſt. var.* lib. 4 & 6, Valer. Maxim. lib. 9.

Ochus favait bien qu'il était en horreur à la nation qu'il se proposait de gouverner : aussi pour prévenir le germe des révoltes, il corrompit les Eunuques du Palais, & cacha, pendant six mois, la mort de son pere. Pendant ce tems-là il faisait émaner du Trône les édits les plus favorables à ses projets, & il les scellait du sceau d'Artaxerxe. Parmi ces édits, il y en eut un où il se fit déclarer l'héritier présomptif de la Couronne.

Quand Ochus vit que personne né réclamait contre ses droits au Trône, il déclara la mort du Roi, & se fit sacrer à Pasagarde.

Le nouveau Despore maître des forces de l'Empire, se baigna sans péril dans le sang humain. Artaxerxe avait eu de ses trois cens soixante concubines un nombre prodigieux d'enfans qui, dans des tems de factions, pouvaient tous donner des chefs aux mécontens. Ochus, pour étouffer d'un seul coup le germe des révoltes, les fit périr tous sans égard pour leur fexe, pour leur âge & pour leur caractère ; il ordonna qu'on enterrât vive fa fœur, dont il avait époufé la fille ; il lui reftait un oncle qui, parvenu jufques-là à une vieilleffe heureufe, femblait revivre dans fa triple poftérité. Le Tyran l'appella au Palais, avec fa nombreufe famille, compofée de cent perfonnes ; & quand ces infortunés furent arrivés dans la cour intérieure, on ferma les portes, & on les tua à coups de flèches.

On fe doute bien qu'Ochus teint du fang de tous les fiens, n'épargna pas les grands de fa Cour, il en facrifia la plus grande partie aux moindres défiances de fon ame ombrageufe. A toutes les heures, il fignait des arrêts de mort, & fon imagination n'était occupée qu'à mettre de la variété dans les fupplices.

La terreur fe répandit jufqu'au fond des Provinces ; alors il fe trouva des Satrapes qui, aimant mieux mourir dans les champs de bataille que fur un échaffaud, prirent les armes contre Ochus, & tentèrent de le détrôner. Le plus formidable de ces rebelles fut Artabafe, Gouverneur d'une partie de l'Afie-Mineure. Aidé des lumières & des forces d'Athènes, il battit une armée de foixante & dix mille hommes que le Roi avait envoyée pour le réduire ; quelque tems après, avec cinq mille Thébains de troupes auxiliaires, il remporta deux victoires encore plus éclatantes contre les Généraux d'Ochus ; il ne fallait plus qu'un pas pour ufurper le Trône, & pour l'ufurper avec les vœux de la Nation : mais la Perfe fut trompée dans fon attente. On intimida Athènes, on corrompit Thèbes à force d'argent, & Artabafe abandonné des Grecs qui l'avaient fait vaincre, fut obligé d'aller dans la Macédoine demander un afyle au pere d'Alexandre.

Il y avoit déja quelque tems que l'expédition contre Artabafe étoit terminée, lorfque les neuf Rois tributaires de la

Perſe, qui gouvernaient l'Iſle de Chypre, ſécouèrent le joug, & ſe rendirent indépendans ; on arma contre ces inſulaires une flotte formidable, on fit par mer & par terre le ſiége de Salamine, mais tout cet appareil de vengeance fut perdu pour Ochus ; il ſe vit réduit à offrir la paix aux neuf Rois, moyennant quelques vaines cérémonies dont ſa fierté humiliée parut ſatisfaite, & il reconnut leur indépendance.

Dans le même tems, la Phénicie ſe révolta, & Ochus n'en fut pas étonné : ce Tyran farouche, ſûr d'être haï du genre humain qu'il haïſſait, s'attendait à trouver à chaque pas des conjurés ou des rebelles.

Il marcha lui-même en Phénicie à la tête d'une armée de trois cent mille hommes, & fit le ſiége de Sidon ſa capitale ; les habitans, à l'approche des Perſes, mirent le feu à leurs propres vaiſſeaux, afin de ſe mettre dans la néceſſité de vaincre ou mourir. Malheu-

reusement ils furent trahis par Tenne,
leur Roi, qui livra la ville à Ochus;
quand les Sidoniens virent l'ennemi sur
leurs remparts, ils brûlèrent eux-mêmes
la ville; quarante mille hommes, sans
compter les femmes & les enfans, périrent
dans l'incendie. Tenne alla ensuite dans
la tente d'Ochus, demander le prix de sa
perfidie; mais le Tyran, juste pour la
première fois, le fit mettre à mort.

L'Egypte, depuis long-tems à demi
indépendante, s'était liguée avec la Phénicie, pour secouer tout-à-fait le joug
de la Perse; Ochus quitte les ruines de
Sidon pour l'en punir. Secondé par la
terreur qui le precède, il se fait ouvrir
les portes des villes, détruit de fond en
comble celles qui résistent, pille les temples, se baigne, à son gré, dans le sang
des peuples, & de retour dans Babylone,
se croit un grand homme.

La réduction de l'Egypte fut le dernier
évènement mémorable qui caractérisa la
longue tyrannie d'Ochus; depuis cette

époque, ce Prince se renferma dans son serrail avec ses eunuques & ses femmes, & vécut en Sardanapale. Cependant le sang de tout ce qui l'environnait n'en coula pas moins en torrent; ainsi la Perse ne respira qu'à sa mort, & lorsque son sceptre d'airain eut été vingt-un ans appesanti sur elle.

# CONSPIRATION DE L'EUNUQUE BAGOAS.

## *FIN TRAGIQUE D'OCHUS ET D'ARSÈS SON SUCCESSEUR* (*a*).

CE fut un Eunuque qui délivra la Perse de son Tyran ; il eſt à remarquer que l'ambition ne parut point le mobile de ſa conſpiration ; le dernier des Perſes avait, avant lui, des droits au Trône de Cyrus. L'amour de la patrie l'inſpira encore moins : un Eunuque n'a point de patrie. Ce fut uniquement le fanatiſme qui l'arma contre les jours d'Ochus ; on ne s'attend guères, ſur-tout depuis la deſtruction des Mages ſous Sphenda-

_______________________

(*a*) Diod. *Hiſtor. Univerſ.* lib. 26, Plutarch. *de Iſide & Oſiride*, Ælian, *Hiſt. var.* lib. 4 & lib. 6.

date, à voir le fanatifme, à qui l'Europe moderne a dû long-tems tous fes défaftres, jouer un rôle dans les annales de la Perfe.

Bagoas, l'ennemi implacable d'Ochus, était né en Egypte; cet Eunuque avait fucé, avec le lait, toutes les fuperftitions imaginées par les Prêtres de Memphis; il était, fur-tout, l'adorateur fanatique du dieu-bœuf, que fa nation adorait fous le nom d'Apis. Ochus vint réduire l'Egypte, & il eut la douleur de voir ce Prince prendre en haine le culte du peuple fubjugué, renverfer fes temples, & faire égorger fes Prêtres aux pieds des idoles qu'ils tenaient embraffées. Dès-lors, il jura de venger le ciel par un régicide.

La mort d'Apis acheva d'envenimer fon cœur, déja profondément ulcéré. Ochus fit traîner le Dieu, par fes Satellites, hors de fon temple, ordonna qu'on l'offrît en facrifice à un âne, & le mangea dans un feftin public avec les Officiers de fa Maifon.

Depuis cet évènement, Bagoas ne fut occupé que des moyens de faire périr son Roi ; en vain Ochus le combla-t-il de bienfaits, en vain le nomma-t-il premier Ministre de la Perse, rien ne put affaiblir la haine religieuse dont son ame était dévorée. Enfin, l'Eunuque corrompit l'Echanson du Prince, qui lui présenta un breuvage empoisonné, dont il mourut l'an 1890 de l'Ere Callisthène.

La rage de Bagoas n'expira pas avec Ochus. Il substitua un cadavre étranger à celui de sa victime, avant qu'on le déposât dans la tombe des Rois ; ensuite il déchira en mille lambeaux la chair du Prince qu'il avait empoisonné, & la fit manger par des chats, pour venger Apis sacrifié à un âne, & mangé par des esclaves.

L'Eunuque croyant le ciel satisfait par l'heureux succès de son crime, s'occupa du Gouvernement de la Perse ; maître du palais, du trésor des Rois, & d'une armée, il profita de son pouvoir immense pour placer fur le Trône Arfès, le plus jeune des enfans d'Ochus, au préjudice de fes aînés, qu'il immola tous à la sûreté du Souverain qu'il donnait à la nation; mais ce Prince, malgré l'inexpérience de fon âge, ne tarda pas à démêler la fcélérateffe de fon bienfaiteur; déja il prenait des mefures pour lui faire rendre compte de tout le fang qu'il avait verfé lorfque l'audacieux Eunuque le fit affaffiner , & anéantit avec lui toute fa famille.

Arfès tint à peine quatre ans le Sceptre de la Perfe, & fa mort tombe à l'an 1894 de l'Ere de Callifthène.

# AVÈNEMENT DE DARIUS III,

## *OU DARIUS CODOMAN AU TRONE DE LA PERSE* (a).

L'ASSASSINAT d'Arsès avait transpiré dans Suze ; Bagoas craignit les murmures de la nation, & il aima mieux faire un Roi, que de l'être lui-même ; son choix tomba sur Codoman, un des descendans de Darius Nothus, échappé, par hasard, au carnage qu'Ochus avait fait de toute sa famille ; ce Prince prit, à son avènement au Trône, le nom de Darius.

Darius, dans sa jeunesse, ne se doutait guères qu'il régnerait un jour dans la Perse ; il vivait ignoré à la Cour, n'ayant

______

(a) Diod. *Histor. Univers.* lib. 16 & 17, Justin, lib. 10, Plutarch. *in vitâ Alexand.*

d'autre emploi que de porter les ordres du Souverain aux Gouverneurs des provinces : un exploit militaire le tira de son obscurité. Dans le cours de l'expédition malheureuse qu'Artaxerxe Mnémon fit chez les Cadusiens, un de ces barbares, fier de sa taille colossale & de sa bravoure, ayant défié le plus intrépide des Perses à un combat singulier, le jeune guerrier accepta le défi, se présenta sur le champ de bataille, & tua son adversaire. Cette action d'éclat lui valut le gouvernement de l'Arménie.

Bagoas tira Darius de sa Satrapie, pour le mettre sur le Trône; il se flattait que ce Prince, instruit par le malheur d'Arsès, consentirait à n'être Roi que de nom ; il se trompa. Darius aimait son pays, avait un caractère & des lumières, il ne tarda pas à lire dans les replis de l'ame scélérate de l'Eunuque, & il opposa une barrière à son pouvoir, toutes les fois qu'il se trouva en contradiction avec le bien de l'Empire. Bagoas se repentit alors de fon ouvrage, & voulut le détruire. Comme il n'était pas aifé de trouver des affaffins pour poignarder un Prince qui paffait pour l'homme le plus brave de fes Etats, il imagina de lui faire fubir le fort d'Ochus; mais un flambeau invifible éclairait chaque démarche de l'Eunuque; Darius, inftruit de l'heure où on devait lui apporter le breuvage empoifonné, appella Bagoas, & le lui fit boire en fa préfence. Ce n'eft que de cet inftant que le Monarque commença à régner.

Darius, né loin du Trône, avait les vertus fociales qui rendent un Souverain cher à tout ce qui l'environne; il était bon mari, père tendre, ami fenfible; de plus, généreux fans fafte, il regardait comme perdues, ainfi que Titus, les heures où il ne faifait pas des heureux. La Perfe, affaiffée par une tyrannie qui avait duré plus d'un fiècle & demi, commençait donc à refpirer. Mais le moment marqué pour la diffolution de cette grande Monarchie était arrivé, &

lorfqu'elle fe flattait d'avoir un Roi, elle tomba, avec lui, fous le pouvoir d'Alexandre.

# GUERRE DE DARIUS

## CONTRE LES MACÉDONIENS,

## ET CONQUÊTE DE LA PERSE

## PAR ALEXANDRE (*a*).

LES Orientaux, qui, sous le nom de Darab II, nous ont transmis une Histoire souvent infidèle du dernier Roi de Perse (*b*), ont donné une origine romanesque à sa guerre contre Alexandre ; suivant leurs traditions, Darab I, prédécesseur de ce Prince, conquit une patie de la Macédoine, & obligea Phi-

---

(*a*) Diod. Sicul. *Histor. Univers.* lib. 17, Plutarch *in vitâ Alexandri*. Arrian. *de expeditione Alexandri*, lib. 1, 2 & 3, Quint.-Curt. lib. 3, 4 & 5, Justin, lib. 11.

(*b*) *Biblioth. Orient.* de d'Herbelot, article *Dara* & *Darab*.

lippe à lui payer un tribut de mille œufs d'or, du poids chacun de quarante drag-mes, & à lui donner fa fille en ma-riage.

Ce Darab, la première nuit de fes noces, rendit la Macédonienne enceinte, & le lendemain la renvoya à fon père, fous prétexte qu'elle n'avait pas l'haleine pure ; la Princeffe répudiée vint accou-cher à Pella d'un fils, qui fut le célèbre Alexandre.

A peine Darab II fut-il fur le Trône qu'il envoya demander le tribut des mille œufs à fon frère ; mais le Héros, qui preffentait fes hautes deftinées, répondit aux Ambaffadeurs de Perfe, que l'oifeau qui les pondait s'était envolé; & voilà, nous dit l'Orient, l'origine de la guerre qui fit paffer le plus vafte Empire de l'Afie fous la domination d'Alexandre.

Les Grecs, plus près des évènemens qu'ils racontent, plus difpofés par la philofophie du fiècle de Périclès, à ne donner à leurs tableaux hiftoriques que le coloris de la vérité, font des guides plus sûrs , & il faut les fuivre (*a*).

La vraie caufe de la guerre contre Darius , fut l'envie qu'avait la Grèce de couvrir l'opprobre de la paix d'Antalcidas.

Le prétexte fut de punir la Perfe de toutes fes injuftes invafions ; du moins on voit que l'affemblée générale des Amphyctions s'exprima ainfi , lorfqu'elle donna à Philippe , Roi de Macédoine , le commandement en chef de toutes les forces deftinées à l'expédition contre la Perfe. Ce Prince ayant été affaffiné , le foin de venger la Grèce fut confié à Alexandre.

On ne comptait , dans l'armée des Macédoniens, que trente mille hommes

---

(*a*) On doit s'attendre que dans ce récit de l'expédition d'Alexandre , nous nous bornerons aux détails qui regardent les Perfes ; l'autre partie du tableau a pour cadre l'Hiftoire de Macédoine.

de pied, & environ cinq mille chevaux ; mais c'était l'élite des troupes de la Grèce ; voilà les armées avec lesquelles on fait de grandes choses, & non ces déluges d'hommes qui inondent tout-à-coup la terre, & qui nuisent encore plus aux Conquérans, qu'aux nations qu'ils veulent subjuguer.

Il paraît qu'Alexandre se flattait de nourrir ses soldats aux dépens de la Perse, & de payer leur solde avec l'argent de ses Satrapes ; car sa caisse militaire, au sortir de la Macédoine, ne renfermait que soixante & dix talens, & il n'avait de vivres que pour un mois ; ce Prince traversa l'Hellespont, sans obstacle, & descendit en Asie.

Les Perses attendaient les Macédoniens sur les bords du Granique, petite rivière de la Phrygie ; les Historiens varient singulièrement sur le nombre de soldats qui composaient leur armée ; Justin compte six cents mille hommes de pied ; Arrien les réduit à vingt mille ; je pense qu'il faut adopter le calcul moyen de Diodore, qui suppose les Perses devant le Granique au nombre de cent mille fantassins & de dix mille chevaux.

On délibéra, dans le conseil d'Alexandre, si on tenterait le passage du Granique à la vue d'une armée quatre fois plus nombreuse campée sur l'autre rivage. La plûpart des Généraux furent de l'avis de la prudence; mais le Héros, qui comptait à-la-fois sur son génie & sur son étoile, déclara qu'ayant franchi l'Hellespont, il aurait à rougir s'il s'arrêtait devant un faible ruisseau, & il entra dans le Granique.

Les Macédoniens, qui avaient à lutter contre le courant du fleuve, qui se voyaient assaillis d'une grêle de traits qu'on leur lançait sans danger du haut de la plage, qui combattaient avec le désavantage du poste, plièrent d'abord, & furent mis en déroute; Alexandre se jetta dans le fleuve, vint rallier ses troupes fugitives, & réussit enfin à gagner l'autre rivage.

Alors le combat recommence avec une nouvelle fureur ; Alexandre expose sa personne, comme le moindre soldat ; il va au milieu des escadrons des Perses, chercher Spithrobate, gendre de Darius, & le renverse à ses pieds d'un coup de lance ; le frère du Satrape veut le venger ; il décharge sur la tête du Héros un coup de hache qui abat le panache de son casque, & pénètre jusqu'à ses cheveux. Au moment où il se prépare à redoubler, Clitus, d'un coup de cimeterre, lui coupe la main, & sauve ainsi la vie à son Roi. Cependant le danger d'Alexandre donnait une nouvelle activité à la bravoure des Macédoniens ; ils réussirent enfin à faire plier les Perses, & remportèrent la victoire.

On croit que les Généraux de Darius perdirent, à cette action, vingt mille hommes de pied, & deux mille cinq cents chevaux. Pour Alexandre, il n'eut que soixante cavaliers & trente fantassins tués sur le champ de bataille ; le passage du Granique lui avait coûté, auparavant, vingt-cinq des plus braves soldats de sa garde ; il fit ériger, à ces derniers, des statues de bronze par le fameux Lysippe, le plus grand Sculpteur de l'antiquité après Praxitèle.

La victoire du Granique valut à Alexandre presque toute l'Asie mineure. Au reste, ce Héros méritait sa gloire ; en prenant les villes, il leur laissait leurs loix ; il semblait que c'était au despotisme, & non aux peuples qu'il venait donner des chaînes, & voilà la seule manière de conquérir qui trouverait grace aux yeux du sage, si les lauriers qu'on cueille ainsi n'étaient pas arrosés du sang des hommes.

Darius ne s'endormit point sur les suites d'une guerre qui commençait sous des auspices aussi sinistres ; il fit fortifier toutes les places que menaçait le Conquérant ; il ordonna des levées de troupes dans toutes les Satrapies, & prit toutes les mesures pour vaincre, ou pour s'enfévelir, avec gloire, fous les débris du Trône.

Je regrette cependant que dans ces plans de défenfe, Darius ait fait entrer une perfidie ; on prétend qu'un Officier-Général de l'armée de Macédoine lui ayant propofé d'attenter à la vie d'Alexandre, il eut la faibleffe de promettre au traître, fi le complot réuffiffait, mille talens d'or, & le Royaume du Prince qu'il aurait l'audace d'affaffiner. La trame fut découverte, & le Philofophe dès-lors prévit que le Monarque, qui confpirait au lieu de combattre, ne tarderait pas à être détrôné.

Au refte, par une bifarrerie fingulière d'évènemens, le hafard déconcertait les opérations les plus fages du confeil de Darius ; Memnon, le feul de fes Généraux qui pût fe mefurer avec Alexandre, avait propofé de porter le théâtre de la guerre dans la Macédoine, afin d'affaiblir les forces du Conquérant en les divifant. C'était la feule voie pour fauver l'Em-

pire. Darius, contre l'ufage des Defpotes, qui n'adoptent que les projets
qu'ils imaginent, goûta celui de Memnon, & lui donna une flotte pour l'exécuter. Déja ce Satrape commençait fes
ravages dans l'Archipel; l'Ifle de Chio
était fubjuguée, la moitié de celle de
Lesbos avait paffé fous la domination des
Perfes, & la Grèce appellait à grands cris
Alexandre, lorfque Memnon mourut
devant Mytilène, dont il faifait le fiége;
cette mort fit avorter l'expédition de
Darius.

Comme Memnon était le plus grand
homme de guerre qui fût alors au fervice de la Perfe, la nation qui le perdit
parut un moment découragée; Darius,
pour ranimer fes efpérances, déclara qu'il
irait, en perfonne, commander fon armée; à cet effet, il fe rendit à Babylone,
& la paffa en revue; elle fe trouva forte
de cinq cents mille hommes.

Cette revue donna un moment de
fierté au Roi; il fourit de pitié fur les

trente mille foldats d'Alexandre ; & le transfuge Grec Charidème , pour le ramener à la raifon , ayant ofé lui parler avec toute la franchife Spartiate, nouveau Xerxès, il l'envoya au fupplice ; au refte, l'ordre fatal était à peine exécuté , que Darius, revenu à lui-même, eut les remords les plus violens, & le courage qu'il eut de fe déclarer coupable d'un homicide, l'en juftifie, peut-être, aux yeux de la poftérité.

L'armée des Perfes eut ordre, le lendemain, de s'approcher de l'Euphrate ; Quinte-Curce nous a confervé l'ordre avec lequel elle défilait ; on croit voir une pompe triomphale, plutôt qu'une marche militaire, & fur cette marche feule, il était aifé de preffentir que l'armée de Darius ferait battue.

A la pointe du jour, on expofa, au haut de la tente du Roi , l'image du Soleil, enchâffé dans du cryftal ; c'était le fignal du départ ; alors le fon de la trompette fe fit entendre de toutes parts, & l'armée commença à défiler.

A la première ligne, paraissaient des Prêtres subalternes, portant des autels d'argent, sur lesquels brûlait le feu éternel de Zoroastre; les Mages les suivaient chantant des hymnes; ils avaient, pour escorte, trois cents soixante-cinq jeunes gens vêtus de robes de pourpre, & désignant les jours de l'année; ensuite on voyait le char du Dieu de la Lumière (*a*), traîné par des chevaux blancs, & suivi d'un coursier d'une taille colossale, qu'on appellait le cheval du Soleil.

A quelque distance de ce bataillon sacré, marchait un corps de cavalerie, tiré de douze nations, différentes entr'elles de mœurs & d'armures; dix mille hommes suivaient, vêtus de robes de

---

(*a*) Quinte-Curce l'appelle Jupiter, comme si ce dieu de la Grèce & de Rome était connu des peuples qui avaient adopté le culte de Zoroastre. Au reste, ce qui précède & ce qui suit ne laisse aucun nuage sur la bévue de Quinte-Curce.

drap d'or, & de manteaux chargés de pierreries; ce premier corps militaire de la Perse s'appellait la légion des immortels.

A trente pas de là se faisaient distinguer des espèces d'hermaphrodites, joignant l'armure des guerriers à la parure des femmes; il se disaient tous parens du Roi, & on en comptait quinze mille.

Le char de Darius suivait; ses côtés étaient décorés d'images de dieux d'or & d'argent relevés en bosse, & du milieu du joug, qui étincelait de l'éclat des pierreries, s'élevaient les statues de Bélus & de Ninus, séparées par une aigle d'or dont les aîles étaient déployées.

Au milieu de ce char, on avait placé un trône pour le Monarque; il y paraissait, le diadême en tête, & revêtu d'une longue robe brillante d'or & de pierreries, où deux éperviers semblaient fondre des nues, & s'entrebecqueter. Ce char était défendu par dix mille hommes armés de piques, & par trente mille fantassins qui formaient l'arrière-garde de la Maison du Roi.

Cette marche triomphale était fermée par les chars somptueux de Darius, de sa femme & de ses trois cents concubines ; & on se doute bien que chaque grand Seigneur, à l'exemple du Prince, se faisait suivre des femmes, des esclaves & des eunuques de son serrail.

Pendant que Darius faisait ainsi défiler cette armée de théâtre dans les plaines d'Assyrie, Alexandre faisait saisir, par ses guerriers couverts de fer, les défilés de la Cilicie. Des Grecs, que le Roi de Perse avait à sa solde, donnèrent alors à ce Prince le plus sage des conseils ; ils lui représentèrent combien il était important, pour la sûreté de son Empire, d'attendre l'ennemi le long des rives de l'Euphrate, parce que sa cavalerie pourrait manœuvrer en liberté, au lieu que s'il allait le chercher dans un pays hérissé de montagnes, son infanterie seule pourrait combattre ; que même cette infanterie ne pourrait pas se déployer, & que dans ce cas, trente mille soldats en vaudraient six cents mille; ils ajoutèrent que si Darius était décidé à quitter les plaines Assyriennes, il serait à propos qu'il divisât son armée en plûsieurs corps, afin de ne pas exposer, au hasard d'une seule bataille, la destinée de la Perse.

Le Conseil du Roi, composé de courtisans, rejetta bien loin l'avis des Grecs; il y eut même des Satrapes assez vils pour empoisonner leurs sages remontrances; ils firent entendre au Prince que leur but, en proposant de diviser l'armée, était de l'affaiblir afin de livrer plus aisément chaque corps isolé au glaive d'Alexandre: ils ajoutèrent même qu'il serait à propos de prévenir la perfidie de ces Grecs, en les faisant passer au fil de l'épée; Darius, qui n'avait pas l'ame des Cambyse & des Ochus, répondit qu'un conseil, fût-il imprudent, ne devait point être, pour celui qui le donnait, un arrêt de mort; il fit remercier les Grecs de leur zèle pour fon fervice, & marcha, avec fes troupes, au-devant d'Alexandre.

Les deux armées fe rencontrèrent dans les gorges des rochers de la Cilicie, près de la petite ville d'Iſſus; le champ de bataille était borné d'un côté par la mer, & de l'autre par une chaîne de montagnes.

Le combat fut très-fanglant, à caufe des trente mille Grecs de troupes auxiliaires que Darius avait à fa folde, & qui fervaient de contrepoids à la phalange du Roi de Macédoine. Alexandre y fit des prodiges de valeur. Il fe jetta, avec quelques cohortes d'élite, au centre de l'armée, & s'attacha à la perfonne de Darius. Les chevaux qui traînaient fon char, percés de coups, fe cabrèrent, & le Monarque, pour ne pas tomber vif entre les mains des Macédoniens, fut obligé de s'élancer fur le char d'un de fes Satrapes; ce moment de terreur fut le fignal de la déroute; la cavalerie Perfe s'ouvrit, les Grecs cédèrent à la phalange,

& on vit les six cents mille soldats de Darius poursuivis par les trente mille guerriers d'Alexandre.

Il y avait eu peu de sang répandu dans la mêlée ; mais le carnage fut horrible dans la déroute ; les Perses y perdirent, à ce qu'on prétend, plus de cent mille hommes de pied, & dix mille chevaux.

Le jour même de la bataille, le camp de Darius fut pillé, & on fit prisonniers Syfigambis, mère de Darius, avec la femme de ce Monarque, son fils & ses deux filles. Alexandre n'était point à cette expédition, aussi les soldats se permirent des désordres que la présence de leur Roi aurait ou prévenus, ou réprimés. Le tableau qu'en fait Diodore, est bien capable d'émouvoir les ames sensibles, & je ne puis résister au plaisir de le transcrire (a).

_________

(a) *Histor. Univ.* lib. 17, parag. 6 ; je suis, autant que le goût peut le permettre, la traduction de l'Abbé Terrasson.

„ On refpecta la famille du Roi ; il
„ n'en fut pas de même des femmes des
„ Satrapes ; ces beautés orgueilleufes , qui
„ naguères traînées mollement fur des
„ chars magnifiques , où elles fe trouvaient
„ à peine à leur aife , & couvertes de
„ robes fuperbes qui voilaient leurs char-
„ mes , réduites maintenant à une fimple
„ tunique , qu'elles déchiraient encore dans
„ leur défefpoir , étaient pouffées hors
„ de leurs tentes implorant les dieux &
„ embraffant les genoux du foldat , qui
„ feignait de ne pas les entendre ; on
„ vit des Macédoniens mettre la main
„ fur elles pour leur arracher l'or de leur
„ parure & leurs pierreries ; d'autres les
„ traînaient par les cheveux pour les dé-
„ pouiller ; quelques - uns , enfin , plus
„ féroces , déchiraient les robes légères
„ dont elles étaient à peine vêtues , &
„ puniffaient leur réfiftance en frappant ,
„ avec la pointe de leurs piques , les par-
„ ties de leurs corps qu'ils avaient mifes
„ à découvert ; en un mot , on vit , dans

» le pillage du camp de Darius, toute
» l'infolence qui triomphe d'une part,
» & tout ce que l'infortune, portée de
» l'autre à fon dernier période, peuvent
» faire voir de défolation & d'inhuma-
» nité «.

La famille du Roi de Perfe ayant été
conduite à Alexandre, ce Héros ordonna
qu'on la traitât avec toute la diftinction
dûe à fon rang & à fa naiffance ; mais
les Princeffes, qui ne connaiffaient que
les mœurs barbares de leur pays, ne fe
raffurèrent point, elles s'imaginèrent,
au contraire, que le vainqueur parait fes
victimes pour les égorger.

L'indifcrétion d'un Eunuque augmenta
encore la terreur des captives ; il avait
vu le manteau royal entre les mains d'un
Macédonien, & trompé par ces frivoles
indices, il avait annoncé aux Princeffes
la mort de Darius.

Tout-à-coup des cris lamentables fe
firent entendre dans la tente des Reines. Alexandre informé des motifs de

leur désespoir, envoya les rassurer. L'Officier chargé de cet ordre prit avec lui quelques soldats, se présenta à l'entrée du pavillon, & demanda à parler aux captives au nom du Roi. Quand les Eunuques virent arriver des Macédoniens armés, ils allèrent pleins d'effroi annoncer à leurs Maitresses qu'il fallait mourir. Le tumulte alors fit place à un long silence ; cependant l'Officier voyant qu'on ne lui rendait point réponse, entra dans la tente. Sisygambis & la Reine sa fille se jettèrent à ses pieds, & le prièrent, avant de les faire mourir, de leur permettre de rendre les devoirs funèbres au cadavre de Darius. Le Macédonien eut beaucoup de peine à faire entendre à ces Princesses que le Roi de Perse vivait encore, & que loin d'attenter lui-même à ses jours, il venait les assurer que tous les honneurs qu'elles recevaient dans leur Palais de Suze, elles en jouiraient dans le camp d'Alexandre.

Le lendemain les captives reçurent la

vifite du Conquérant lui-même. Ce Prince entra dans la tente accompagné du feul Epheftion ; comme ce Héros & fon ami étaient du même âge & portaient la même armure, Sifygambis jugea que le Roi devait être celui qui avait la taille la plus majeftueufe, & elle embraffa les genoux d'Epheftion. Un Eunuque lui fit appercevoir fon erreur ; alors Alexandre en la relevant lui dit ce mot mémorable, parce qu'il fort de la bouche d'un Roi : *Non, ma mère, vous ne vous êtes point trompée, & mon ami eft auffi Alexandre.*

Le Conquérant combla enfuite d'amitié chacune de fes captives, il prit entre fes bras le jeune enfant de Darius, qui entrait dans la fleur de l'adolefcence, & verfa quelques larmes quand il s'en vit embraffé. La femme & les filles du Roi de Perfe étaient les beautés les plus accomplies de l'Orient ; mais un intérêt trop tendre ne lui ôta point le mérite de fa générofité ; il ne les vit qu'une fois, &

cette ame, livrée toute entière à la paffion de la gloire, ne trouva pas même
de mérite à avoir triomphé des piéges
de l'amour.

Alexandre, après avoir érigé à Iffus
des monumens de fa victoire, prit le
chemin de Damas, où on lui avait appris que Darius avait renfermé fes tréfors; il n'eut pas befoin, pour s'en em-
parer, de faire le fiége de la place, le
Gouverneur perfide les livra à Parmenion ; ce Général, outre cela, fit trente
mille prifonniers, parmi lefquels étaient
la veuve & les trois filles d'Ochus. Le
Serrail de Darius, qui avait cherché un
afyle dans les remparts de Damas, fu-
bit le même fort, & on prit 492 Officiers de bouche de ce Prince, & 329 de
fes concubines.

Cependant Darius vaincu, errant dans
fes vaftes Etats, privé d'une famille qui
lui était chère, ne fuccomba point à fa
mauvaife fortune; il écrivit, au fujet de
la rançon de fa famille, une lettre pleine

de fierté à son vainqueur, où il ne lui
donnait pas même le titre de Roi. Alexandre eut la faiblesse d'en être blessé,
& voici sa réponse :

» Le Roi Alexandre à Darius, salut.
» —Cet ancien Darius , dont tu por-
» tes le nom , ravagea le territoire des
» Colonies Grecques qui bordent la côte
» de l'Hellespont. Après lui Xerxès parut
» en Grèce, conduisant une nuée de bar-
» bares , & vaincu à Salamine , il laissa
» encore Mardonius pour saccager nos vil-
» les & désoler nos campagnes; ce sont des
» traîtres corrompus par tes satellites qui
» ont assassiné mon père ; car vous autres
» Perses, vous n'entreprenez jamais que
» des guerres impies, & ayant l'épée à la
» main contre vos ennemis, vous osez
» encore proscrire leur tête. Toi-même ,
» Darius, quoique tu fus à la tête de
» six cens mille hommes , n'as - tu pas
» promis mille talens d'or à qui attente-
» rait à ma vie ? je ne suis donc pas l'ag-
» gresseur , & je ne fais que me défen-

« dre; auſſi les Dieux ont protégé ma
« cauſe, & tu t'en es apperçu par mes
« victoires. Au reſte, quoique par la
« guerre que tu me fais, tu te déclares
« l'infracteur du droit des Nations, ſi tu
« te préſentes dans ma tente en qualité
« de ſuppliant, je te donne ma parole
« que je te rendrai, ſans rançon, ta
« mère, ta femme & tes enfans : je veux
« te montrer que je ſais vaincre & devenir
« le bienfaiteur des vaincus; je te con-
« ſeille, au reſte, de mettre moins d'or-
« gueil dans tes lettres, & de te ſouve-
« nir, en m'écrivant, que tu écris non-
« ſeulement à un Roi, mais à ton Roi ».

Darius, dont le jugement était ſain,
quand ſes adulateurs ne cherchaient pas
à le dépraver, reconnut bien-tôt que ſi la
hauteur eſt déplacée dans un ennemi
victorieux, elle eſt abſurde dans un
ennemi vaincu ; il écrivit donc de nouveau à Alexandre, en lui donnant le
titre de Roi : ſes offres prouvaient la
terreur que le Conquérant commençait

à lui infpirer ; il promettait au Prince Macédonien trois mille talens d'or, ou 162,500,000 livres de notre monnaie, pour la rançon de fa famille, Statyra fa fille en mariage, & la fouveraineté de tout le pays qui s'étendait de l'Helleſpont juſqu'à l'Euphrate. Alexandre demanda l'avis de fon Conſeil. Parmenion dit : j'accepterais les offres de Darius fi j'étais Alexandre ; & moi auſſi, reprit Alexandre, fi j'étais Parmenion : réponſe tout-à-fait dans le caractère du Héros qui demandait à Jupiter de créer des mondes, afin qu'il pût les ſubjuguer. Mais pourquoi interroger Parmenion, quand on s'eſt propoſé de n'être en rien de l'avis de Parmenion ?

Alexandre réfolu à ne terminer la guerre de Perſe que par le détrônement de Darius, continua le cours de ſes conquêtes ; il ſubjugua la Phénicie & voulut entrer en Egypte, mais l'Eunuque Betis, Gouverneur de Gaza, ſe défendit avec tant de bravoure, qu'il arrêta deux mois les Macédoniens au siége de cette place ; le Conquérant , dont les mœurs commençaient à se dépraver , au lieu de louer la valeur des assiégés ( car la valeur ne se récompense pas ) , en fit passer dix mille au fil de l'épée , & condamna les autres à l'esclavage avec leurs enfans & leurs femmes. Pour le Satrape de Darius, il commanda qu'on lui perçât les talons , qu'on y passât une courroie, & il le traîna ensuite, attaché à son char, jusqu'à ce qu'il rendît le dernier soupir. Alexandre , en violant ainsi le droit des gens , se vantait d'imiter Achille , dont il se croyait issu ; mais du moins le héros de l'Iliade vengeait son ami Patrocle , & encore ce ne fut que sur le cadavre d'Hector qu'il exerça cette froide barbarie.

La terreur qu'inspira la prise de Gaza fit ouvrir aux Macédoniens les portes de toutes les villes de l'Egypte.

Pendant qu'Alexandre subjuguait les frontières de la Perse , Darius se fortifiait au centre ; déjà il avait levé une armée formidable avec laquelle il efpérait réparer toutes fes pertes , lorfqu'il apprit la mort de fon époufe. Cette nouvelle abattit tout fon courage ; il s'informa fi Alexandre , par fa dureté , n'avait pas avancé la fin de la carrière de fa captive; & quand il fut que le Héros avait traité Statyra comme Reine de Macédoine , les plus cruels foupçons vinrent allarmer fa jaloufie , il s'imagina qu'en pleurant la mort de la Princeffe , il pleurait le moindre de fes maux & que la perte de fon honneur avait précédé celle de fa vie. Un Eunuque de Statyra , qui s'était fauvé du camp des Macédoniens pour inftruire Darius du fort de fon époufe, le raffura fur l'objet de fes allarmes; alors le Roi de Perfe , dans le premier mouvement d'enthoufiafme que lui infpirait tant de grandeur d'ame , s'écria : ” Dieux , rendez - moi ” affez puiffant pour reconnaître les ” bienfaits d'Alexandre; ou s'il faut que

» mon Empire périſſe , faites que ce
» Héros ſeul puiſſe s'aſſeoir à ma place
» ſur le Trône de Cyrus «.

Darius qui ſe devoit à ſes peuples,
prit en même-tems les meſures de la
prudence la plus conſommée , pour que
ſon Empire ne finît pas. Il fit venir des
Satrapies les plus éloignées , de vieilles
cohortes renommées pour leur bravoure ;
inſtruit que des épées longues étaient
plus aiſées à manier dans un combat
que d'autres armes offenſives , il les
ſubſtitua à l'ancien cimeterre des Perſes ;
il fit auſſi conſtruire deux cens chariots
armés de faulx, bien capables, par leur
méchaniſme deſtructeur , de jetter l'effroi. Les deux timons de chaque char
portaient une lame dont la pointe ſe
préſentait au viſage de l'ennemi ; des
lames pareilles & non moins tranchan-
tes ſortaient de l'eſſieu de chaque roue,
& on avait attaché des faulx à leur extrémité. Ces chars étaient ſoutenus par
une armée de huit cens mille hommes

de pied & de deux cents mille che-vaux.

Alexandre accoutumé à battre, avec une poignée de Héros, des millions d'hommes, n'héfita pas à venir au-devant de Darius, dans la plaine de l'ancienne Ninive ; le Tygre, un des fleuves les plus impétueux de l'Orient, s'oppofait à fa marche, & il ne trouvait ni ponts, ni bâteaux pour le traverfer ; il eut l'au-dace de le paffer à gué avec des fati-gues & des dangers incroyables. Un corps de dix mille hommes campé à l'autre bord aurait fuffi pour en empê-cher le defcente ; mais le Satrape que Darius avait prépofé pour garder le fleu-ve, n'arriva que le lendemain. Tel était le bonheur qui accompagnait Alexandre dans toutes fes expéditions ; ce bonheur, dont l'hiftoire peint les effets, mais que le Philofophe ne dé-finit point, a peut-être autant contribué que le génie à la célébrité de tous les

Conquérans depuis Sémiramis jusqu'à Charles XII.

Les deux armées se rencontrèrent près du village d'Arbèle. Quelques jours avant la bataille, il y eut une éclipse de lune qui répandit la terreur jusques dans le camp d'Alexandre ; cependant la philosophie du siècle de Périclès avait rendu les Grecs Astronomes ; mais la multitude, dans tous les âges, & chez toutes les Nations, semble condamnée à ne s'éclairer jamais. Les Macédoniens se reprochaient hautement d'avoir quitté leur patrie pour se voir traînés aux extrémités du monde, tandis que les Dieux s'opposaient à leur marche , que les Astres leur refusaient la lumière, & que la nature entière semblait armée contre leurs projets extravagans de conquête. Alexandre n'était pas épargné dans ce murmure. Le soldat ajoutait qu'il était bien insensé d'exposer sa vie pour repaître l'ambition d'un homme qui dédaignait sa patrie , qui désavouait son

père , & qui faifait fa propre apo-
théofe.

On fut obligé, pour étouffer la fédi-
tion dans fon germe , de dicter à des
Aftronomes Egyptiens qui fe trouvaient .
alors dans le camp, l'oracle qu'ils de-
voient prononcer ; ces charlatans facrés
affemblèrent en effet les foldats , & fans
s'amufer à leur parler le langage de la
Phyfique , qu'ils n'étaient pas à portée
d'entendre, ils fe contentèrent de dire
que la deftinée des deux armées était
écrite dans le firmament , que le ciel
s'était partagé entr'elles , & que fi la
lune était pour les foldats de Darius,
le foleil était pour ceux d'Alexandre.
Ce raifonnement abfurde fuffit pour raf-
furer les Macédoniens, & pour obéir
au préfage , ils fe difpofèrent à combattre les Perfes à la clarté du foleil.

Enfin fe donna cette fameufe bataille
d'Arbèle , à la deftinée de laquelle était
attachée celle de l'Empire de Cyrus.

Les deux cents chars armés de faulx partirent d'abord avec impétuosité de la première ligne des Perses, & imprimèrent une véritable terreur à l'armée d'Alexandre; les soldats de la phalange, pour effaroucher les chevaux qui les conduisaient, se mirent à frapper, avec bruit de leurs armes, contre leurs boucliers; & en effet quelques-uns de ces chars reculèrent dans les rangs des Perses, & les rompirent; pour ceux qui ne s'écartèrent pas de leur route, les Macédoniens sçurent les rendre inutiles, en s'ouvrant à propos; il n'y en eut qu'un très-petit nombre qui répondirent à l'attente de leurs inventeurs, & il faut avouer qu'ils y répondirent d'une manière bien propre à encourager ces Cannibales. » Les tran- » chans des faulx & des autres ferremens » attachés aux roues étaient affilés, au » point que, poussés avec violence, ils » portaient, sous des formes variées, » une mort inévitable. Ils enlevaient à » l'un son bras, accompagné du bouclier

» qu'il portait; ils coupaient à un autre
» la tête si subitement, que posée à terre,
» elle cherchait encore des yeux son en-
» nemi; d'autres étaient tranchés par le
» milieu du corps, & expiraient avant
» d'avoir senti les atteintes de la mort (a)«.

Le choc des deux cavaleries fut de la plus grande violence; les Perses, d'abord, eurent l'avantage; mais au moment où les escadrons Macédoniens commençaient à se rompre, le devin Aristandre, revêtu de sa robe blanche, & un laurier à la main, parut subitement dans les rangs, & s'écria qu'il voyait une aigle, présage certain de la victoire, planer au - dessus de la tête d'Alexandre. Les soldats ne virent point l'aigle de l'astrologue, mais ils le crurent, comme c'est l'usage, & retournant au combat avec une nouvelle confiance, ils mirent l'ennemi en déroute.

---

(a) Diod. *Histor. Univers.* lib. **17**, parag. **8.**

Avant l'apparition d'Ariftandre & de fon aigle, un détachement de la cavalerie des Perfes, profitant du défordre des Macédoniens, avait pénétré jufqu'au camp d'Alexandre, & l'avait pillé; il ne tenait qu'à Syfigambis de recouvrer fa liberté; mais foit qu'elle doutât de la victoire de Darius, foit qu'elle fe crût enchaînée par les bienfaits d'Alexandre, elle refta dans fa tente, & ne voulut point fuivre fes libérateurs.

Le choc le plus fanglant fut au centre des deux corps de bataille, parce que chaque Roi animait les fiens par fa préfence. Alexandre s'attacha à la perfonne de Darius, & fit des prodiges de valeur pour arriver jufqu'à fon char; il y parvint enfin, malgré la grêle de traits dont on l'accablait, & il perça, de fa javeline, l'Ecuyer du Monarque. Les Perfes, qui crurent leur Souverain tué, s'enfuirent dans le plus grand défordre, & cette erreur étrange procura la victoire au Héros de Macédoine.

Il était tems que Darius, par sa fuite, abandonnât le champ de bataille à son ennemi ; car l'aîle gauche des Macédoniens, que commandait Parménion, enveloppée par les Perses, se trouvait dans le plus grand danger. Tout-à-coup on apprit des deux côtés la nouvelle de la déroute de Darius. Alors une terreur panique saisit les assiégeans ; les assiégés, transformés en hommes nouveaux, firent face par-tout à l'ennemi, & déja ils étaient victorieux quand ils virent paraître Alexandre.

De ce moment, le combat dégénéra en un affreux carnage ; les Perses, fugitifs, se laissaient égorger sans se défendre, & on ne commença à faire des prisonniers que lorsque le bras fatigué des vainqueurs se refusa au massacre. Arrien fait monter à trois cents mille hommes la perte de Darius ; elle ne fut que de quatre-vingt-dix mille, suivant le calcul du sage Diodore.

Darius, vaincu aux champs d'Arbèle,

prit, en fuyant, la route de la Médie. Lorsqu'il eut traversé, avec ses Satrapes, le fleuve du Lycus, on lui conseilla de rompre le pont pour retarder la poursuite des ennemis ; mais ce Monarque généreux, & d'autant plus digne du Trône, qu'il était plus près d'en descendre, répondit que ses soldats avaient autant de droit que lui à ce passage, & qu'il n'estimait point assez sa vie pour la conserver aux dépens de tant de sujets fidèles, dont la bravoure n'avait été trahie que par l'influence de sa destinée. Le pont ne fut donc pas rompu, & le Prince fugitif arriva, sans danger, à Ecbatane.

La victoire d'Arbèle entraîna la défection presque entière des provinces de la Perse ; Babylone ouvrit ses portes au Conquérant ; Suze, la Métropole de l'Empire, lui fut livrée par son Gouverneur ; c'est de ce moment qu'Alexandre put former le projet fastueux de sa Monarchie Universelle.

Les richesses que ce Prince trouva dans

les villes qui fe foumettaient à lui, &
dans le tréfor des fuccefleurs de Cyrus,
font prefqu'au - deffus des calculs des
Hiftoriens ; le feul palais Impérial de
Suze lui procura 1,787,500,000 livres
de notre monnaie ( *a* ) ; une pareille
fomme fuffifait, dans ces tems-là, pour
acheter dix Royaumes de Macédoine.

Alexandre laiffa, dans Suze, la mère
& les enfans de Darius ; pendant qu'il
s'occupait à les confoler par les honneurs
du Trône, de leur longue captivité, il
reçut, de fes Etats, un grand nombre
d'étoffes dé pourpre & de riches vête-
mens, fuivant le coftume des Grecs. Il
les donna à Syfigambis, avec les Artiftes
qui les avaient fabriqués, ajoutant que fi
elle les trouvait à fon gré, elle pouvait

---

( *a* ) Diodore dit qu'il y avait en réferve dans
ce Palais quarante mille talens d'or ou d'argent,
( probablement la moitié de l'un & de l'autre )
& neuf mille talens d'or monnoyé, & frappés en
datiques. *Hiftor. Univ.* lib. 17, parag. 14.

amuſer le loiſir de ſes filles, en leur faiſant apprendre de pareils ouvrages. A ces
mots, des larmes coulèrent des joues
vénérables de la Princeſſe. Le Héros,
inſtruit que, ſuivant les préjugés des
Perſes, le travail des mains était un
opprobre pour des Reines, montra à
Syſigambis l'étoffe dont lui-même était
vêtu, & qu'Olympias, ſa mère, avait
pris ſoin de broder. Syſigambis rougit,
& tout fut pardonné.

Il manquait au Conquérant, pour avoir
ſous ſa puiſſance l'Empire entier de Darius,
de ſe rendre maître de Perſépolis ; il y
conduiſit ſon armée ; mais s'étant engagé
avec une témérité qu'autoriſait ſa bonne
fortune, dans les défilés de Suze, il y
eſſuya un échec qui humilia ſon orgueil.
Ariobazarne gardait ce poſte avec vingt-
cinq mille hommes ; il avait placé la plus
grande partie de ſes cohortes ſur le ſom-
met des montagnes, & lui - même cam-
pait avec quatre mille fantaſſins, & trois
cents chevaux au pied des roches inacceſſi-

bles qui bordaient ce paſſage. Au moment où les ſoldats d'Alexandre s'approchaient pour attaquer le Satrape, ils virent rouler ſur eux des pierres énormes qui bondiſ-ſaient ſur les rochers, & n'en tombaient qu'avec plus de violence ſur leurs têtes ; des files entières en furent écraſées ; le Roi, qui voyait la mort ſuſpendue de tous côtés ſur ſes troupes, ſans qu'elles puſſent frapper l'ennemi inviſible auquel elles avaient affaire, céda, en frémiſſant, & fit ſonner la retraite.

Ce défilé de Suze était un nouveau pas des Thermopyles; mais Alexandre n'était point Xerxès & Ariobarzane, encore moins Léonidas ; auſſi il n'en coûta pas tant de ſang, pour que le poſte fût emporté.

Un priſonnier de guerre, Grec de naiſſance, qui avait autrefois habité ces montagnes, offrit à Alexandre de le conduire par une route que lui ſeul connaiſſait, derrière les retranchemens d'Ariobarzane. Ce Prince prit alors ſes cohortes d'élite, & ſe mit en marche à

l'entrée de la nuit. Les Macédoniens
fouffrirent des fatigues incroyables ; les
pointes des rochers fur lefquels ils mar-
chaient , les tourbillons de neige qui
les enveloppaient tout-à-coup , l'horreur
des ténèbres , le peu de confiance que
leur infpirait l'audace de leur guide , tout
contribuait à augmenter leur effroi ; cependant ils arrivèrent , à la pointe du jour,
au pofte que le Grec leur avait indiqué ; les
retranchemens d'Ariobarzane furent forcés , fon infanterie taillée en pièces , &
le Satrape lui - même n'échappa à la mort
qu'en fe fauvant en défordre dans les
gorges des montagnes.

Alexandre , maître du pas de Suze ,
conduifit fon armée à Perfépolis.

# INCENDIE DE PERSÉPOLIS,

## *ET CONSIDÉRATIONS SUR SES RUINES.*

Les Macédoniens atteignaient déja les remparts de Persépolis, lorsqu'un spectacle terrible vint allumer leur indignation contre les anciens Despotes de la Perse. C'étaient huit cents prisonniers de guerre qui avaient été mutilés par ordre des successeurs de Darius ; on avait coupé les mains aux uns, aux autres le nez ou les oreilles, & presque tous portaient sur leur front des caractères barbares, faits pour éterniser leur opprobre ; ils se jettèrent aux pieds d'Alexandre, qui ne put les voir & les entendre sans verser des larmes d'attendrissement. Le Prince songea d'abord à les renvoyer dans leur patrie ; mais ces

infortunés, qui prévoyaient que leur
mutilation les rendrait un objet de risée
pour leurs concitoyens, demandèrent,
avec inftance, de refter dans la Perfe;
alors Alexandre leur fit donner à chacun
cinq habits d'hommes & autant de femmes, deux couples de bœufs pour la-
bourer leurs terres, & cinquante boif-
feaux de bled pour les enfemencer. Il
les exempta de tout tribut, & voulut
que le Satrape des provinces où ils réfi-
deraient, lui répondît de leur sûreté fur
fa tête.

Le Conquérant, qui ne fe piquait pas
d'être plus conféquent que tous les Héros
deftructeurs qui l'avaient précédé, après
cet acte d'humanité, en fit un de barbarie. Il affembla un confeil de guerre,
& expofa à fes Généraux que Perfépolis
avait été de tout tems la ville d'Afie la
plus fatale au repos de la Grèce; que
c'était de fon fein qu'étaient partis les
effaims innombrables de barbares, fou-
doyés par Xerxès & par le premier Darius,

& le réfultat de fa harangue véhémente ,
fut de permettre qu'on pafsât au fil de
l'épée des citoyens qui ne fe défendaient
pas , & de mettre l'ancienne capitale de
la Perfe au pillage.

Le foldat , avide de brigandage , n'exécuta que trop bien les ordres d' Alexandre ;
il entra dans toutes les maifons dont l'apparence pouvait exciter fa cupidité , il y
égorgea les pères de famille , viola les
femmes , & chargé de butin , finit par
mettre le feu aux édifices ; l'impitoyable
Conquérant ne fit c fler le maffacre , que
lorfqu'il craignit que l'incendie , qui en
était la fuite , ne fe communiquât au
palais des Rois.

Perfépolis avait une citadelle que la
nature & l'art femblaient s'être réunis à
fortifier ; outre fa fituation au milieu de
rochers inacceffibles , elle était entourée
d'une triple enceinte de murailles ; les
remparts de l'enceinte extérieure avaient
feize coudées de hauteur , & ceux de
l'intermédiaire trente-deux ; après avoir

franchi ce double mur, on en trouvait un troisième haut de soixante coudées, garni de portes & de palissades d'airain, & construit avec une espèce de granit, fait pour braver l'éternité. Les Perses, avec de la bravoure, pouvaient arrêter Alexandre devant cette citadelle, aussi long-tems que Priam arrêta les Grecs devant Troye ; mais Tiridate, qui en était le Gouverneur, trahit son Souverain, & livra la place & la ville au vainqueur de Darius.

Les trésors immenses qu'on trouva dans les caveaux de la citadelle, y avaient été rassemblés depuis Cyrus ; Alexandre en tira, dit-on, tant en or qu'en argent, la valeur de six vingt mille talens ; ce qui répond à six cents cinquante millions de notre monnaie (*a*) ; il en avait déja tiré plus de deux cents vingt mille de Suze, & cent quatre-vingt mille d'Ecba-

______

(*a*) Diod. *Hist. Univers.* lib. 17, parag. 16.

tane; telle était, au reste, l'opulence de la Perse à l'époque de sa décadence, qu'après sa conquête, le vainqueur en tirait annuellement trois cents mille talens (*a*), ou seize cents vingt-cinq millions.

Tant de succès étaient bien faits pour dépraver les mœurs d'un Conquérant. Nous venons de voir Alexandre punir Persépolis des crimes de Xerxès; après avoir fait la guerre à des citoyens sans défense, à des enfans & à des femmes, nous allons le voir la faire aux édifices. Le Palais des Rois de Perse, d'où Alexandre donnait de sang-froid le signal des massacres, était un des monumens les plus célèbres de l'Asie, soit par sa grandeur, soit par la hardiesse de son architecture; tous les Artistes de l'Orient avaient épuisé leur génie à le décorer; la courtisanne Thaïs, au milieu d'un festin, proposa de le brûler pour venger l'ancien in-

-----

(*a*) *Justin*, lib. 13, cap. 1.

cendie d'Athènes. *Quelle sera ma gloire,* ajouta - t - elle, *quand la postérité dira qu'une courtisanne a plus servi sa patrie par ses Orgies, que les Aristide & les Thémistocle par leurs victoires!* Comme la gloire d'une courtisanne flattait infiniment la grande ame du vainqueur de Darius, il applaudit à cette saillie de Thaïs; peu à peu le vin échauffant son cerveau, il se lève une couronne de fleurs sur la tête, & donne le signal de l'horrible bachanale. Thaïs jette son flambeau, tous les convives l'imitent, & en peu d'heures ce vaste Palais, l'ouvrage de tant de siècles, n'est presqu'en entier qu'un monceau de cendres.

Persépolis fut donc sacrifiée à la vanité des Grecs; mais quand Quinte-Curce, parlant de l'incendie de cette ville, dit *que si l'Araxe n'avait pas coulé autrefois le long de ses murs, on n'aurait jamais pu en deviner la place* (a), il a dit une

______

(a) Quint.-Curt. lib. 5 , cap. 7.

abſurdité. Il paraît, par les ruines encore exiſtantes de cette ancienne Métropole de la Perſe, que la rage des Macédoniens fut trompée, & qu'il échappa un grand nombre de ſes monumens à la deſtruction. Tâchons de prendre, dans la deſcription de ces ruines célèbres, une idée de la ſculpture & de l'architecture des Perſes; car, grace au deſpotiſme, ce n'eſt que par la culture de ces deux arts que le peuple, dont j'écris l'Hiſtoire, a payé quelque tribut à l'eſprit humain.

Pluſieurs Voyageurs, à qui le grand nom de ces ruines de Perſépolis en impoſait, ont été ſoit dans le ſiècle dernier, ſoit dans le nôtre, les deſſiner & les décrire ( *a* ); mais comme la plûpart

---

(*a*) Tels ſont le Chevalier Herbert, Mandeſlo, Pietro della Valle, Thevenot, le Docteur Gemelli Carreri, l'Ambaſſadeur d'Eſpagne Garcias de Figueroa, Chardin, Kaëmpfer & Corneille le Brun; l'Artiſte n'eſtime que les deſſins de le Brun, & le Philoſophe les relations de Chardin & de Kaëmpfer.

d'entr'eu

d'entr'eux ne voyaient qu'avec les yeux des Orientaux, il ne réfulte fouvent de leurs relations & de leurs deffins, qu'un chaos d'idées contradiƈoires. Un Savant refpeƈable, dont les cheveux avaient blanchi fur les monumens de l'antiquité, ( le Comte de Caylus ) prit la peine, il y a quelques années, de comparer ces Voyageurs entr'eux, de concilier leurs récits, de pefer leurs fuffrages, enfuite il dépofa fon travail dans les Mémoires d'une de nos Académies. Voici l'analyfe de fa defcription des ruines de Perfépolis (*a*).

» Les édifices, dont on voit les débris,
» ont pour bafe une efplanade formée
» par des quartiers de marbre ordinai-
» rement de treize à quatorze pieds de
» long, fur fept à huit de hauteur; les
» murs de cette efplanade n'ont que

_______________

(*a*) *Hiftoire de l'Académie des Belles-Lettres,* petite édition, tome 14, pag. 213.

» trois faces, la dernière étant appuyée
» contre la montagne; leur hauteur est
» inégale selon le terrein sur lequel ils
» sont élevés, mais en général, elle est
» de dix-huit à vingt pieds; c'est la même
» élévation qui leur avait été donnée par
» les Architectes des anciens Rois de la
» Perse; car le sol d'une montagne de
» marbre ne pouvait s'être élevé que par
» l'amas des décombres : or, les revête-
» mens n'ayant jamais dépassé le niveau
» de l'esplanade , & se trouvant dans
» toute leur intégrité , il est évident que
» rien ne peut avoir altéré le plan de cette
» surface.

» Une face des murs de cette terrasse
» a près de six cents pas du Nord au Sud,
» & une autre trois cents quatre - vingt-
» dix de l'Est à l'Ouest. En supposant
» les pas de deux pieds six pouces, le
» calcul conduit à donner à l'espace in-
» termédiaire une mesure d'un peu plus
» de vingt-sept arpens; si on entend par
» pas la démarche d'un homme d'une

» taille ordinaire, cet efpace fe réduit à
» vingt arpens.

    » Quelle entreprife étonnante que
» celle de former une efplanade de vingt
» arpens fur la pente d'une montagne de
» marbre, dont il a fallu encore abbattre
» le pied pour relever la partie excédente
» à la hauteur des terraffes ! Ce travail
» ne peut fe comparer qu'à celui des
» Egyptiens, qui taillèrent au cifeau,
» fous les Pharaons, le roc fur lequel on
» affit les grandes pyramides. Mais ce
» qui a non moins de droit à la furprife
» des générations, ce font les conduits
» fouterreins de cette efplanade ; ils la
» traverfent en plufieurs fens, & coupent
» la montagne ; quelques-uns ont deux
» pieds de large, & fix pieds de haut ;
» d'autres n'ont que deux pieds en tout
» fens. Ces derniers ne peuvent avoir été
» formés que par des tranchées ouvertes
» par la partie fupérieure : or, rien n'égale
» la dureté du marbre qui forme le lit
» de cette montagne. Le Brun, avec le

» fecours d'un Artifte muni des meilleurs
» inftrumens, ne réuffit qu'après des fa-
» tigues infinies à détacher une petite
» figure faillante qu'il voulait emporter.

» Les ruines qu'on voit encore dans
» l'emplacement de Perfépolis, ont pour
» bafe cette efplanade; on ne peut déter-
» miner avec certitude de quels édifices
» elles faifaient partie; mais par les différens
» afpects que le Brun a deffinés, on peut
» juger que ces édifices n'ont pas été conf-
» truits fur le même plan. On diftingue
» fur la furface entière de cette efpla-
» nade, cinq corps de bâtimens très-
» différens, & dans ce nombre, il y en
» a trois qui ne peuvent jamais avoir été
» réunis, foit par l'oppofition de leurs
» débris, foit par la grande diftance de
» leurs emplacemens.

» Les deux autres édifices, qui font
» auffi ceux qui ont le plus d'apparence,
» ont pu être foumis au même plan d'ar-
» chitecture; ils font voifins, & placés
» l'un & l'autre fur une feconde terraffe.

» On monte à ces terrasses par sept
» escaliers de diverses grandeurs ; le prin-
» cipal a une rampe double, dont les
» marches ont vingt - sept pieds , sept
» pouces de long. Tout est du même
» travail, c'est-à-dire coupé dans la mon-
» tagne , ou composé de pièces rappor-
» tées , mais si grandes, qu'on voit quel-
» quefois six ou sept marches taillées
» dans le même bloc.

» Les sept escaliers ne diffèrent en-
» tr'eux que par leur grandeur & par les
» ornemens de leurs rampes ; quelques-
» uns sont chargés de bas - reliefs , qui
» repréfentent des chasses , des luttes
» d'animaux , & des marches de sacrifice.
» Les figures, dans ces reliefs , ont ordi-
» nairement deux pieds , neuf pouces de
» haut ; elles font féparées par des espèces
» d'arbres taillés en pyramides , & placés
» de distance en distance , comme on
» voit des plantes, dans la table Isiaque,
» devant ou derrière les personnages.

» Quelle que fût la destination de ces

» édifices, il eſt certain que l'emplace-
» ment n'en pouvait être plus heureux.
» Ils étaient élevés au-deſſus d'une plaine
» riante que terminait une ceinture de
» montagnes arides, mais faites, par leur
» contraſte, pour étonner l'imagination.

» Tout, juſqu'à la conſtruction du
» pavé, prouve l'ambition des Archi-
» tectes de Perſépolis, de travailler pour
» l'éternité; on en trouve un ſur l'eſpla-
» nade, formé de morceaux de marbre
» qui rempliſſent une largeur de huit
» pieds; quelques-uns des blocs qui le
» compoſent ont dix pieds de longueur.
» Le perron d'un des eſcaliers eſt pavé
» de morceaux encore plus grands; leur
» longueur eſt de quatorze pieds, & leur
» largeur de huit.

» Les colonnes ſont aujourd'hui la
» partie la plus brillante des ruines de
» Perſépolis; quelques-unes ont con-
» ſervé encore leurs chapiteaux; les
» plus fortes de celles qui ſont en
» pied, & c'eſt le plus grand nombre,

» ont jufqu'à foixante & douze pieds
» de hauteur, & dix - fept pieds fix
» pouces de circonférence; elles ne pa-
» raiffent avoir aucune forte de renfle-
» ment; le fuft eft ordinairement de
» trois morceaux; ces colonnes font
» cannelées dans toute leur hauteur, &
» interrompues de tems en tems par des
» boffages; les chapiteaux font d'un
» genre d'ornement très-difficile à dé-
» crire, ils reffemblent à des pannaches,
» & font furmontés d'un couronnement
» formé par divers animaux, & fur - tout
» par des chameaux accroupis. Les bafes
» de toutes ces colonnes font rondes,
» taillées dans le même bloc, & vont
» en s'élargiffant comme une cloche; la
» circonférence des plus grandes eft de
» vingt - quatre pieds, trois pouces, &
» la hauteur n'eft que d'environ quatre
» pieds, la moulure d'en-bas a un pied
» cinq pouces d'épaiffeur. Les entre-co-
» lonnes font prefque toujours de vingt-
» deux pieds deux pouces.

» Il paraît que cette manière libre de
» traiter l'architecture, est une suite de
» la communication de la Perse avec
» l'Egypte, qu'elle avait affervie. Les
» ordres Toscan, Dorique, Ionique,
» Corinthien, n'ont été inventés qu'en
» Etrurie & en Grèce. Avant cette dé-
» couverte, les proportions étaient pure-
» ment arbitraires, & voilà l'apologie
» des monumens de la Thébaïde & des
» ruines de Perfépolis.

» Les quatre montans du portique,
» qu'on apperçoit quand on eft au haut
» du principal efcalier, font ornés de
» figures d'animaux engagées dans l'é-
» paiffeur des murs, & placées dans les
» tableaux intérieurs des portes ; les ani-
» maux occupent, chacun en particulier,
» la largeur du maffif, c'eft-à-dire qu'ils
» ont vingt - deux pieds depuis l'extré-
» mité de leurs jambes de devant, juf-
» qu' à celles de derrière ; ils ont quatorze
» pieds de haut, & occupent la hauteur
» de quatre affifes. Deux de ces animaux

» repréfentent des lions , mais qui par-
» ticipent à plufieurs égards de la nature
» du cheval : défaut qui ne doit être
» imputé qu'à l'ignorance du Sculpteur ;
» les deux autres, dont la direction eft
» oppofée , ont des aîles avec des têtes
» humaines. C'eft le Sphinx des Egyp-
» tiens.

» Ces monumens de l'art , encore
» dans fon berceau, peuvent être com-
» parés à ceux que Garcilaffo décrit dans
» la patrie des Incas ; au refte , il ne
» faudrait pas les dédaigner à caufe de
» leur fimplicité; ils ont peut-être rempli
» l'objet de tous les arts, celui de rendre
» la nature. Plus l'action de ces tableaux
» eft fimple, plus la décoration préfente
» à l'efprit de vraie magnificence.

» Une des preuves de la haute anti-
» quité de ces ruines, ce font les fym-
» boles de l'Ouranifme qu'on y ren-
» contre de tems en tems ; par exemple,
» on voit fur plufieurs montans des por-
» tiques , un vieillard affis , tenant un

» sceptre à la main ; au - dessus de sa
» tête paraît une petite figure élevée en
» l'air, & portée sur un corps inconnu ;
» il est clair ( & le Docteur Hyde l'a
» très-bien prouvé ), il est clair, dis-je,
» que le vieillard est un Roi, & que la
» figure qui est représentée en l'air est
» son ame qui monte vers le soleil.
» L'ame immortelle, Dieu figuré par
» le feu principe ; voilà les deux dogmes
» primitifs de la Religion du premier
» Zoroastre.

» On compte, dans ces ruines, treize
» cents figures d'hommes & d'animaux,
» dont la moitié est grande comme
» nature, & les autres font colossales :
» on y voit les débris de deux cents
» cinq colonnes.

» S'il en fallait croire le Voyageur
» Philosophe Chardin, la fondation
» des édifices dont on voit encore les
» ruines dans Persépolis, remonterait
» à plus de quatre mille ans ; cette opi-
» nion n'est point appuyée sur les mo-

» numens de l'Histoire ; un fait bien
» plus certain, c'est que par la nature
» des travaux pour la coupe des marbres,
» il a fallu plus de deux siècles pour
» mettre le comble à ces édifices.

    » Presque tous les Voyageurs s'ac-
» cordent à croire que ces ruines sont
» celles du Palais des Rois de Perse ;
» mais ce Palais fut brûlé par la cour-
» tisanne Thaïs, à la suite d'un festin
» que donna Alexandre ; il est plus pro-
» bable que ce sont les débris de quel-
» ques temples érigés par la superstition
» du successeur de Cyrus.

    » On trouve, de tems en tems, des
» inscriptions parmi ces ruines, mais
» elles sont dans une langue qui ne paraît
» avoir aucune analogie avec les langues
» anciennes & modernes de l'Orient ;
» ainsi elles ne donnent aucune lumière
» sur l'origine & la destruction des édi-
» fices de Persépolis, & ce qu'on pourra
» écrire sur ce sujet, se réduira toujours
» à de savantes conjectures «.

Les ruines que le Comte de Caylus vient de décrire, font connues en Afie fous le nom de *Chel-minar*, ou les ruines de l'édifice à quarante colonnes. Ce mot de *quarante* répond au *mille* des Romains; il défigne un nombre au-deffus du calcul.

A deux lieues de Chelminar, au-delà de l'Araxe, aujourd'hui le Bendemir, font quatre tombeaux célèbres dans l'O-rient ( *a* ) ; ils font creufés horifonta-lement dans une montagne de marbre, & leur décoration extérieure donne l'idée de tableaux fufpendus contre une muraille. L'étendue des bas-reliefs eft de foixante & dix pieds de largeur dans la partie in-férieure ; la partie la plus ornée, qui fait le corps du monument, en a quarante, & la hauteur totale eft égale à la plus grande largeur ; les colonnes qui décorent le focle font furmontées comme celles

_______________

( *a* ) *Voyages* de Corneille le Brun, tome 2 ; *Voyages* de Chardin, tome 2 ; *Hiftoire de l'Académie des Infcriptions*, tome 14.

des ruines de Chelminar, de ces fortes
de chapiteaux que l'enfan e de l'architecture laiſſait au caprice des Architectes;
ils ſont formés par des buſtes de taureaux
adoſſés & accroupis; il n'y a d'apparent
que les jambes antérieures de ces qua-
drupèdes.

On voit quelques-uns de ces tombeaux qui ſont ornés de leurs ſarco-
phages.

Le plus remarquable des tombeaux eſt
celui de Ruſtan, l'Amadis de la Perſe,
& un des Héros qui a le plus illuſtré ſon
pays à la fin de la dynaſtie des Rois
prédéceſſeurs de Cyrus.

Les figures des bas-reliefs ſont d'une
ordonnance qui en impoſe; le premier
grouppe eſt une joûte de deux géans à
cheval; chacun d'eux a une maſſue d'airain dans ſa main gauche; l'un d'eux
préſente de la droite un gros anneau de
fer que ſon ennemi ſemble arracher avec
effort; tous deux foulent un homme
expirant aux pieds de leurs chevaux.

Chacun des athlètes porte derrière le coursier sur lequel il est monté, des chaînes où sont attachés des boulets d'airain; il est probable que quand ils avaient laissé tomber leurs massues & leurs anneaux, ils se lançaient ces boulets. C'est l'image des quartiers de roches que se jettent dans leurs combats singuliers les Héros de l'Iliade.

Près de ce grouppe d'athlètes, il y en a un autre où les hommes ont une taille bien moins colossale, car elle est réduite à sept pieds. Au centre paraît un guerrier armé de pied en cap, & s'appuyant des deux mains sur son cimeterre; derrière lui sont d'un côté cinq hommes, & de l'autre trois, cachés tous par un mur jusqu'à la hauteur des épaules; il est impossible de deviner ce que signifie ces figures; quand on le demande aux Persans modernes, ils répondent *Dieu le fait :* mot qui répond au fameux *que sais-je* de Montagne.

Outre les quatre tombeaux de la mon-

tagne, au pied de laquelle coule le Bendemir, il y en a deux autres à 600 pas
des colonnes de Chelminar, dont le
Chevalier Chardin ne parle qu'avec en-
thousiasme. On n'y arrive qu'en gra-
vissant contre les rochers l'espace de trois
cents pas. La façade de l'un a 72 pieds
de large, sur 130 de hauteur; sur chacun
des côtés de la plateforme qui précède
cette façade, on voit six figures dans
l'attitude des personnages d'une pro-
cession religieuse; la partie supérieure
du monument représente un autel con-
sacré au Soleil, sur lequel le feu per-
pétuel de Zoroastre est allumé; un per-
sonnage, appuyé sur son arc, semble
adorer ce feu, symbole de l'Ordonnateur
des mondes, & l'on voit son ame sous
la forme d'une petite figure Aërienne,
qui a tous les traits de l'adorateur, s'é-
lever dans l'air pour se réjoindre à l'Etre
suprême dont elle émane.

Le second monument a pour l'architecture, & les figures qui le décorent,

le même plan & la même ordonnance.

On croit, dans le pays, que tous ces tombeaux communiquent à des souterreins où sont renfermées des richesses capables de tenter la cupidité des Rois. Cette opinion est fondée sur l'usage des anciens Despotes de l'Asie, de receler l'or & l'argent qu'ils tiraient de leurs peuples ; car dans cette enfance de la politique, on croyait qu'un Souverain était riche, non des trésors qu'il fait circuler, mais de ceux qu'il enfouit.

Cette tradition se trouvait confirmée par une histoire très-suspecte que Chardin rapporte dans son Voyage.

On prétend qu'un Intendant du Roi de Perse, qui résidait dans un bourg voisin de Persépolis, dissipa, en dépenses extravagantes, non - seulement tout son patrimoine, mais encore l'argent d'une caisse royale dont il était dépositaire : l'évènement datte d'un peu plus de deux siècles. Le Grand-Visir, instruit du crime, menaça l'Administrateur infidèle , s'il n'acquittait pas sa dette envers le Prince, de le faire écorcher tout vif. Le malheureux, pour prévenir cet affreux supplice , résolut de se tuer ; cependant, comme il attachait encore quelque prix à une vei qui lui avait valu tant de jouissances , il tenta , avant d'en venir à cette extrémité , de dépouiller de leurs richesses les tombeaux de Persépolis ; le jour pris pour cette expédition sacrilege , il se munit de vivres & de flambeaux , & s'enfonce dans les détours innombrables des souterreins. A force de recherches , il trouva un caveau rempli de pièces d'or , & rentra triomphant le quatrième jour dans sa maison ; cependant, comme l'or dont il s'était chargé dans ce premier voyage ne suffisait pas pour acquitter ses dettes, il retourna à la chambre du trésor , mais il s'égara , sans doute , dans le labyrinthe qui y conduisait, car on ne le revit plus.

De frivoles amas d'or que renfermeraient les tombeaux de Perſépolis, ſont peu faits pour arrêter les regards de la poſtérité ; c'eſt le génie des Architectes qu'il faut chercher dans ces ruines célèbres. Mais à cet égard les Artiſtes de la Perſe n'ont pas reculé d'un pas les bornes de l'ancienne architecture.

Il n'y a point de proportion entre la hauteur du fuſt & celle de la baſe des colonnes.

Qu'eſt-ce que ces pannaches qui forment le chapiteau des colonnes, & dont des chameaux ou des bœufs accroupis font le couronnement ?

Il n'y a, dans l'exécution des bas-reliefs, aucune idée de la perſpective.

Comment a-t-on pu imaginer de ſéparer des perſonnages qui marchent en pompe pour un ſacrifice, par des arbres placés en diſtance, & taillés en pyramides.

Le Sculpteur des bas-reliefs a voulu quelquefois mettre des contraſtes dans ſes grouppes ; mais ces contraſtes ſont tous de l'ordonnance la plus meſquine.

Par exemple , fous ces portiques de Chelminar , on voit un guerrier luttant contre un taureau dont il tient la corne de la main gauche , tandis que de l'autre il lui enfonce dans le ventre fon cimeterre ; à l'oppofite , on a placé un autre guerrier luttant auffi contre un taureau , mais il tient la corne du quadrupède de la main droite , tandis qu'il enfonce de fa gauche le cimeterre. Il y a un peu loin de ces contraftes avec ceux du fameux grouppe de Laocoon.

Il paraît que la belle nature n'était point connue des Sculpteurs de Perfépolis ; dans les treize cents figures des ruines de Chelminar , il n'y en a pas une qu'on puiffe citer pour la correction du deffin , pour la jufteffe des proportions , ou pour l'élégance du jet des draperies. Les Voyageurs les plus enthoufiaftes de ces ruines , avouent que les lions reffemblent fi peu que , fous un certain point de vue , on eft tenté de les prendre pour des chevaux.

L'unique gloire des Artiſtes de la Perſe ſe réduit donc aux excavations étonnantes qu'ils ont faites dans les rochers des montagnes de Perſépolis ; mais ce n'eſt - là qu'un monument de patience, & non de génie ; il faut comparer ce travail à celui des pyramides ordonnées par les Pharaons. Or, dans l'hiſtoire des Arts, la gloire qui réſulte de la conſtruction de toutes les pyramides de l'Egypte peut - elle entrer en parallèle avec celle que donne à ſon Auteur l'Appollon du Belvedère, ou le grouppe de Laocoon ?

Les Perſes, depuis Cyrus, n'ont eu que des Artiſtes dont l'imagination était eſclave, & cette barbarie dans les arts, tenait beaucoup à celle des mœurs. Voilà un des grands inconvéniens du deſpotiſme.

L'eſprit humain, juſqu'à l'époque où nous ſommes, n'a été ſecoué que deux fois, d'abord dans la Babylone des Atlantes, enſuite dans celle de Sémiramis.

Nous touchons à un autre ſiècle de lumières, celui d'Alexandre ; mais l'ordre philosophique de cette Histoire des Hommes nous oblige à retourner sur nos pas, & à fouiller les annales de quelques peuples antérieurs aux Grecs, avant de dessiner le tableau de cet âge mémorable qui a tant influé sur la perfectibilité de l'espèce humaine, & sans lequel il n'y aurait eu ni siècle d'Auguste, ni siècle de Louis XIV.

# ASSASSINAT DE DARIUS,

## ET RENVERSEMENT DE L'EMPIRE DES PERSES *(a)*.

LA Perſe était ſubjuguée, mais Darius vivait encore, & ce phantôme de Souverain, tout impuiſſant qu'il était, allarmait l'ambition d'Alexandre. Il voulut, comme tous les Conquérans vulgaires, s'aſſurer de la perſonne du Prince qu'il dépouillait, pour jouir en paix de ſa Couronne.

Darius était alors à Ecbatane, il reſtait à ce Monarque infortuné, de tant de millions d'hommes qu'il avait armés pour ſa défenſe, un corps de quatre mille Grecs, qui lui demeura attaché juſqu'à ſa

_______________

*(a)* Arrian. *de expedit. Alexand.* lib. 3 ; Diod. *Hiſtor. Univerſ.* lib. 17 ; Plutarch. *in vitâ Alexandri*, Quint. - *Curt.* lib. 5 , & *Juſtin*, lib. 11.

mort, & environ trente mille Perfes, qui n'attendaient, pour le trahir, qu'un regard d'Alexandre. Darius eut la vertueufe faibleffe de croire plus à la fidélité de fes fujets, qu'à celle de quelques étrangers qu'il avait à fa folde, & il périt ( trait bien rare dans un Roi ) pour avoir trop eftimé les hommes.

Beffus, Satrape de la Bactriane, était l'ami du Monarque fugitif, & commandait fa cavalerie ; il trama, avec Narbazane, l'un des plus grands Seigneurs de la Cour, un complot affreux ; c'était d'arrêter Darius pour le livrer à Alexandre, fi le Conquérant reftait paifible poffeffeur de la Perfe entière ; & fuppofé que l'Empire fût divifé, fon projet était de maffacrer fon captif, & de régner à fa place. Quelque fourdes que fuffent les menées des conjurés, elles parvinrent aux oreilles du Prince, qui ne put y ajouter foi ; en vain le Commandant des Grecs vint l'exhorter à dreffer fa tente dans leur quartier, & à confier la garde de fa perfonne à des foldats pleins d'honneur, qui fe feraient tous égorger pour fa dé-fenfe; Darius ne put fe réfoudre à faire un pareil affront aux Perfes. » Je fuis » leur père , dit - il avec attendriffe-» ment, pourquoi mes enfans me trahi-» raient - ils ? Au refte , s'ils me jugent » digne de mort, je n'ai déja que trop » vécu «.

Ce trait touchant fut rapporté à Beffus, il ne put effleurer l'ame profondément fcélérate de ce traître; il fit faifir le Prince dans fa tente par fes foldats; on le chargea, en qualité de Roi , de chaînes d'or , & on le conduifit , dans un char couvert , fur les frontières de la Bactriane.

Cependant Alexandre avait quitté Per-fépolis , & , à la tête de l'élite de fes foldats , il s'avançait en diligence dans la Médie ; il arriva à Ecbatane , & n'y trouvant plus le Roi de Perfe, il le pour-fuivit dans la Parthiène; le jour où il traverfa le Caucafe, il apprit la trahifon de Beffus , & la captivité du Monarque ;

alors il accéléra sa marche , & vint présenter le combat aux barbares.

Bessus, plus fort en nombre , & avec
des troupes fraîches , pouvait aisément
battre la petite cohorte fatiguée d'A-
lexandre ; mais il est rare que le scélérat
qui fait assassiner , sache combattre ; aussi
à peine les Macédoniens furent - ils à
portée du trait , que les Perses s'enfuirent
en désordre , & gagnèrent les gorges des
montagnes.

Bessus , au commencement de la déroute , s'approcha avec Narbazane , son
complice, de Darius ; tous deux l'ex-
hortèrent à monter à cheval , & à se
joindre avec eux , pour ne pas tomber
entre les mains d'Alexandre. *Alexandre!*
dit l'infortuné Monarque , *mes vœux l'appellent , qu'il vienne , qu'il me venge , &
j'ai assez vécu.* Les deux Satrapes furieux,
se jettent alors sur lui, le percent à l'envi
de leurs javelines, & le laissent dans son
char , luttant contre les approches d'une
mort douloureuse. Dans ce moment ,

arrivent des Macédoniens qui le cherchaient ; Darius expirant, n'a plus que la force de leur demander quelque breuvage, pour étancher la soif qui le dévore. Polyſtrate ſe détache de la troupe, va puiſer de l'eau dans une ſource voiſine, & la lui apporte dans un vaſe. » Il ſuffit, » dit le Prince ; je meurs content. Ma- » cédoniens, allez dire à votre Roi que » je reſſens plus que jamais les bienfaits » dont il a comblé ma famille. Puiſſe le » Ciel protéger ce Héros, juſqu'à la fin » de ſa carrière, rendre ſans ceſſe ſes » armes triomphantes, & lui accorder » un jour le ſceptre de l'Univers ! Je ne » le prie pas de punir Beſſus ; ma cauſe » eſt celle de tous les Rois, & il me » vengera «.

» Enſuite il fit approcher Polyſtrate de ſon char : » Toi, ajouta-t-il, qui as » prolongé ma vie de ces inſtans précieux » où je jouis de l'attendriſſement de » mes vainqueurs, retourne auprès de » ton Souverain, touche lui de ma part

» dans la main, comme je touche dans » la tienne. Hélas ! c'eſt le ſeul gage » que je puiſſe, en mourant, lui donner » de ma reconnaiſſance «.

A ces mots, Darius rendit le dernier ſoupir. Un inſtant après, Alexandre arriva ; la vue du cadavre enſanglanté de ce Prince, qui méritait un meilleur ſort, lui fit verſer des larmes ; il détacha ſa cotte d'armes, & la jetta ſur la victime de Beſſus ; le lendemain, le corps embaumé du Monarque fut envoyé, par ſon ordre, à Syſigambis, pour l'enſévelir avec pompe, & le renfermer dans le tombeau des Rois de Perſe (*a*).

---

(*a*) Le grand nombre des Hiſtoriens s'accorde à raconter ainſi la mort de Darius ; Diodore eſt moins théâtral ; mais comme il pourrait être plus vrai, la franchiſe impartiale qui fait la baſe de cet Ouvrage, exige que je faſſe connaître ici la manière dont cet Ecrivain peint ce grand évènement : comme le texte eſt très-court, je vais le tranſcrire.

Darius n'avait régné que six ans, & sa mort tombe à l'an 1900 de l'Ere de Callisthène.

Bessus, le jour même où il assassina son Souverain, mit en tête sa couronne, & se fit proclamer Roi par ses troupes fugitives, sous le nom d'Artaxerxe.

———

» Darius avait déja assemblé des troupes dans » la Bactriane & dans quelques autres provinces » de l'Empire qui reconnaissaient encore son pou- » voir ; mais surpris de l'approche d'Alexandre, » il se retira précipitamment à Bactres avec les » trente mille soldats, ou Perses, ou soudoyés, » qu'il avait déja rassemblés. Là, au moment » qu'il sortait de la ville, pour éviter la pour- » suite des Macédoniens, il fut égorgé, en » trahison, par le Satrape Bessus. Alexandre » apprit bien-tôt la mort de ce Prince, & ne » songea qu'à chercher son corps, qu'il trouva, & » qu'il fit ensévelir avec magnificence. Quel- » ques Historiens ont écrit que le Conquérant » aborda Darius lorsqu'il respirait encore, qu'il » plaignit ses malheurs, & qu'il lui promit de » le venger «. Diod. *Histor. Univers.* lib. 17, parag. 18.

Alexandre ne laiſſa pas, à cet uſurpateur, le tems de jouir en paix du fruit de ſes crimes; il le pourſuivit avec la plus grande vigueur, & comme le butin dont chacun de ſes ſoldats était chargé rallentiſſait la célérité de ſa marche, il y mit le feu, en commençant par ſon propre bagage. Les Macédoniens ſe conſolèrent de perdre le fruit du pillage de Perſépolis, par l'eſpérance qu'on leur donna de piller, à leur gré, la Bactriane.

Alexandre pénétra, en Conquérant, juſqu'au mont Paropmiſe, qui eſt une branche du Caucaſe; il trouva tout le pays qui s'étend de cette montagne juſqu'à l'Oxus, dévaſté par l'armée de Beſſus; mais aucun obſtacle n'était capable de le rebuter; il continua ſa marche triomphante, & ſe rendit maître de la capitale de la Bactriane.

Le Satrape - Roi échappa encore à la pourſuite des Macédoniens; il traverſa l'Oxus ſur des bateaux, qu'il brûla ensuite pour rendre le paſſage impraticable à l'ennemi ; mais Alexandre fit diſtribuer à ſes troupes une quantité prodigieuſe de peaux qu'on remplit de matières légères ; les ſoldats s'étendirent ſur cette nouvelle eſpèce de radeaux & abordèrent au rivage. Le fleuve fut traverſé ainſi en ſix jours par l'armée d'Alexandre.

Beſſus, prêt d'être atteint par les vengeurs de Darius, n'eut point la gloire de mourir les armes à la main ſur un champ de bataille ; il avait pris querelle, dans un feſtin, avec un de ſes convives, nommé Bagodaras, & ſon emportement l'avait conduit juſqu'à ſe lever pour le tuer. Les principaux Officiers de ce Roi fugitif réfléchirent ſur cet évènement, & n'attendant rien de la reconnaiſſance d'un ſcélérat, ils lui arrachèrent ſon diadême, mirent en pièces la robe royale de Darius, dont il était revêtu, & le placèrent, lié & garotté, ſur un cheval, pour le livrer à Alexandre.

Spitamène, le premier des conjurés,

entra dans le camp des Macédoniens,
conduifant le prétendu Artaxerxe, tout
nud, & attaché à une chaîne qu'on lui
avait paffée autour du col. Alexandre
reprocha à ce monftre fa perfidie, lui fit
couper le nez & les oreilles, & l'envoya
à Ecbatane pour y fubir la mort fous les
yeux de la mère de Darius. Plutarque
nous a confervé la defcription de fon
fupplice ; on fit courber, par force, des
arbres l'un vers l'autre, & l'on attacha
à chacun un des membres de la victime,
enfuite on coupa tout - d'un - coup les
cables qui captivaient la tige de ces arbres, ils fe redrefsèrent avec violence,
& emportèrent le membre qui y était
attaché. Nous avons adopté une manière
d'écarteler bien moins fimple & moins
sûre, dans la punition des régicides (*a*).

---

(*a*) Voici encore Diodore en contradiction
avec les autres Hiftoriens. » Alexandre, dit-il,
» livra Beffus au frère de Darius & à la famille
» de l'infortuné Monarque, pour le punir, foit

Alexandre fit grace à Nabarzane, le complice de Beſſus, & cette clémence indiſcrette jette, à nos yeux, quelques nuages ſur la vérité de ſa douleur, lorſqu'il vit mort le Monarque auquel il brûlait de ſuccéder; il ſemble qu'en envoyant Beſſus au ſupplice, il l'ait puni de s'être fait Roi, plutôt que d'avoir aſſaſſiné ſon Roi.

Il ne reſtait plus au Héros, pour légitimer ſa conquête de la Perſe, aux yeux de la nation même qu'il venait de ſubjuguer, que de s'allier au ſang de Darius; il vint, à cet effet, à Suze, & épouſa Statyra, fille aînée de ce Monarque; les Macédoniens de ſa Cour ſuivirent ſon exemple, & ſe choiſirent des femmes dans les maiſons des Satrapes.

---

» du meurtre de ſon Souveraïn, ſoit de ſa re-
» bellion. Ceux-ci lui firent ſubir toutes ſortes
» d'opprobres & de tourmens, & enfin ayant
» coupé ſon corps en petits morceaux, ils les
» jettèrent çà & là avec des frondes «. *Diod.*
*Hiſtor. Univerſ.* lib. *17*, parag. *27*.

Les noces d'Alexandre furent célébrées avec toute la pompe Orientale ; on peut en juger par le festin que ce Prince donna dans le Palais à neuf mille personnes, & où chaque convive reçut, en présent, une coupe d'or pour les sacrifices.

Une largesse, que l'Histoire attribue à Alexandre, le jour de ses noces avec Statyra, & qui est bien plus faite pour honorer sa mémoire aux yeux de la postérité, est celle dont il usa envers les compagnons de ses victoires ; il fit annoncer à tous les soldats de son armée, qu'il payerait leurs dettes ; un grand nombre refusèrent de les déclarer, craignant que ce ne fût un artifice pour savoir les noms de ceux qui faisaient trop de dépense ; le Héros le sçut, & fit à ses troupes les reproches les plus tendres sur leur méfiance ; ensuite il établit des bureaux dans le camp, où l'on payait sans prendre le nom ni du créancier, ni du débiteur ; cette largesse seule monta à environ dix mille talens, c'est-à-dire à plus de cinquante-quatre millions.

Alexandre, à force d'habiter avec les Perses, prit insensiblement leurs mœurs, il se revêtit de leur longue robe, adopta leur thiare, & la ceignit du diadême de Cyrus. Diodore ajoute, qu'il se composa un serrail de trois cents soixante-cinq concubines, toutes d'une beauté parfaite; elles venaient, chaque soir, faire le tour du lit du Roi, & il choisissait celle dont les graces lui plaisaient le plus, pour en faire la favorite du moment *(a)*.

Alexandre, couronné comme les Rois de la Perse, exigeant qu'on l'adorât, ainsi qu'eux, ayant leurs eunuques & leurs concubines, n'était plus le vainqueur d'Issus & d'Arbèle. Un de ses Généraux, que les mœurs Orientales n'avaient pu dégrader, eut le courage de lui faire pressentir l'opprobre dont il se

---

*(a) Histor. Univers.* lib. 17, parag. 22.

couvrait aux yeux de l'Afie, & pour le guérir, préfenta en perfpective à fon ambition, la conquête de l'Inde. Ce tableau fit fur le Prince l'effet des armes préfentées par Ulyffe, à Achille déguifé en femme dans la Cour de Scyros ; il rougit, jetta fon diadême, ferma fon ferrail, & rentrant dans fon camp, fe retrouva Alexandre.

Mais au moment où le Héros, quittant les délices de Suze, s'arma pour l'expédition de l'Inde, il n'y avait plus d'Empire de Perfe.

# FASTES DE L'EMPIRE DES PERSES.

LE travail de trois ans que nous ont coûté les trente pages de notre Chronologie Assyrienne, a assez prouvé avec quel soin est écrite l'Histoire des Hommes; malheureusement dans les champs littéraires, il faut long-tems abattre avant de rien bâtir ; les monumens s'élèvent sur les décombres, & la vérité ne s'établit que sur les débris de cent systêmes.

Quoique notre travail sur les Fastes de l'Assyrie soit entièrement neuf, nous avons cependant respecté les recherches profondes des Scaliger, des Fourmont, des Freret & des Petau ; dès qu'il nous a été possible de concilier nos époques avec celles qu'ils ont adoptées, nous l'avons fait avec un empressement qui prouve notre respect pour leur mémoire, & si notre plume n'était pas consacrée à

dire la vérité aux hommes, nous aurions
fait céder le faible honneur de critiquer
des Savans à jamais respectables, au plaisir
de les transcrire.

Quelques personnes, qui dispensent
la renommée des Gens de Lettres, sans
lire leurs ouvrages, auraient désiré aussi
que notre Chronologie se fût trouvée
d'accord avec celle d'une énorme compilation des erreurs de tous les peuples
& de tous les âges, qu'on honore, je ne
sais pourquoi, depuis vingt ans, du titre
d'Histoire Universelle.

On a pardonné aisément à l'Histoire
des Hommes de s'être fait une marche
particulière, parce que la prétendue
Histoire Universelle n'en a point : d'a-
voir lié, par une chaîne philosophique,
les annales de tous les peuples, parce qu'il
n'y a pas la moindre trace d'ensemble
dans la prétendue Histoire Universelle : de s'être servi enfin de la dialectique qui épure les faits, & de la critique
qui apprécie les ouvrages, pour discerner

la vérité fous la triple écorce fabuleufe qui la renferme, parce qu'il n'y a dans cette même Hiftoire Univerfelle ni dialectique, ni critique, ni vérité.

Mais comme on a femé adroitement dans le public que des Savans avaient préfidé à cette compilation indigefte, on a trouvé mauvais que les Hiftoriens des Hommes n'euffent pas adopté du moins fa Chronologie.

Il ferait aifé de nous juftifier, en prouvant qu'aucun Savant diftingué n'a coopéré à cette Hiftoire Univerfelle, qu'aucun Savant diftingué n'en a fait l'éloge, & que même aucun Savant diftingué n'a eu le courage de la lire.

Forcés, foit par notre caractère, foit par la nature de notre Ouvrage, à reftreindre toute efpèce de critique, n'examinons que la partie la plus travaillée de cette Hiftoire Univerfelle, c'eft-à-dire fa Chronologie.

Nous ne craignons point d'avancer qu'il n'y a, dans cette énorme compilation,

aucune trace de cet art de calculer les tems,
qui a fait la gloire des Fourmont & des
Freret : gloire à laquelle aspira en vain
le grand Newton.

Les Auteurs qui ont rédigé l'Ouvrage,
incapables de se créer une Chronologie,
ont adopté celle des livres qu'ils s'é-
taient chargés de transcrire, soit que les
livres fussent célèbres, soit qu'ils fussent
dans l'oubli.

De-là, il n'y a point eu d'unité dans
leurs calculs, & par conséquent point de
Chronologie.

En vain cite-t-on, au bas des pages,
les noms des Usher, des Marsham & des
Scaliger ; comme la Chronologie d'un de
ces Savans n'est point celle des autres,
l'union de leurs systêmes est aussi mons-
trueuse, que si un Sculpteur unissait, pour
faire une statue, le pied de l'Antinoüs
du Belvedère, le sein de la Vénus de
Médicis, & la tête du cheval de Marc-
Aurèle.

Aussi on remarque, dans la compidation dont nous parlons, que les fastes d'aucune nation ne s'accordent ensemble; le même évènement, qui est rapporté à une année dans l'Histoire de la Judée, est rapporté à une autre dans l'Histoire de Babylone; un Héros Chaldéen se trouve chez les Phéniciens naître après son petit-fils, & chez les Perses, venir au monde avant son grand-père.

Dans les Fastes même d'une nation, il y a souvent autant d'erreurs que de chiffres. Pour ne point écrire sur ce sujet des volumes, je me borne à l'examen de quelques pages de la Chronologie des Perses.

*Cyrus*, est-il dit, ( édit. in-8°., tome 7, pag. 313 ) *meurt l'an 529 avant l'Ere vulgaire* ; on ajoute ( pag. 329 ) que *Cambyse régna sept ans & cinq mois* ; & la mort de Cambyse, comme celle de Cyrus, se trouve à l'an 529.

*Xerxès*, dit-on ( pag. 369 ) *monte sur le Trône l'année de la mort de Darius, l'an 485 avant l'Ere vulgaire* ; on fait en-

fuite régner ce Prince vingt-un ans, &
on indique fa mort ( pag. 407 ) à l'an
474 : comme s'il y avait vingt - un an
entre les années 485 & 474 ! Pour comble
de déraifon , le règne de ce Xerxès ,
délayé en quarante pages, fe trouve tout
entier fous l'an 485.

*Artaxerxe fuccède à Xerxès , & meurt*
( pag. 420 ) *l'an 457, après quarante - un
ans de règne.* Si Xerxès a été affaffiné l'an
474 , Artaxerxe, qui règne quarante - un
ans , devait mourir l'an 433 ; & fi on fait
entrer dans le calcul l'erreur de dix ans ,
que nous avons obfervée , fa mort tombe
à l'an 423.

Les règnes de Xerxès II , & de Sogdien ,
ne ramènent pas nos Chronologiftes fut
l'abfurdité de leurs calculs , & tous deux
périffent encore cette même année 457.
( Voyez pages 420 & 422 ).

Darius Nothus fuccède à Sogdien , &
au lieu de placer fon avènement au Trône
à l'an 457, on le met à l'an 434. ( Voyez
pag. 423 ).

Je n'ai point entamé le fond de cette abſurde Chronologie ; ainſi je n'ai point examiné pourquoi, en chargeant d'évè-nemens le règne de Cambyſe, on ne le fait régner que ſept ans & cinq mois, au lieu de lui donner les 18 ans du calcul de Créſias : pourquoi, dans les dattes ſuſpeƈtes, on n'oppoſe pas l'autorité de Diodore à celle d'Hérodote : pour-quoi, dans les faits qui ſont mêlés à l'Hiſtoire Grecque, on ne concilie pas les époques des Hiſtoriens de la Perſe, avec celle des marbres de Paros, & avec l'Ere des Olympiades ; je n'ai voulu que mettre ſous les yeux un petit nombre d'erreurs que l'homme le moins inſtruit fût à portée de vérifier, & prouver par-là que l'Hiſtoire Univerſelle, qu'on m'op-poſe, n'a point de Chronologie.

# ORDRE DES ÉVÈNEMENS
## DE
# L'HISTOIRE DES PERSES,
### DONT ON NE PEUT FIXER
### LA CHRONOLOGIE.

Keyomaras, comme l'Oannès de l'Assyrie, civilise les Perses, afin d'acheter le droit de régner sur eux.

Il fonde les villes de Balk, d'Istekar & de Damavend.

Nathek, son fils, est assassiné par des brigands dans les gorges du Caucase.

Ce Législateur de la Perse, après avoir demandé à ses peuples s'ils agréent Siamek, son petit-fils, pour leur Roi, lui cède sa Couronne.

Siamek, à peine monté sur le Trône,

est obligé de s'armer contre des brigands qui infestent la Perse ; il est défait , & tué sur le champ de bataille.

Keyomaras est rappellé par ses peuples pour gouverner ; il meurt Roi de Perse , après avoir pleuré trente ans la mort de Siamek.

INTERRÈGNE , que les Orientaux supposent de deux cents ans ; ou les Historiens en imposent sur sa durée , ou des étrangers , dans l'intervalle, firent la conquête de la Perse.

HUSSEIN , on le suppose fils de Siamek , ce qui détruit la fable des deux siècles d'interrègne.

Quelques Orientaux représentent ce Prince comme un Paladin qui se bat avec les géans , & qui terrasse les monstres ; cet Hussein n'a jamais existé.

Le Hussein de l'Histoire refuse d'être Roi , & ne se rend qu'à regret aux désirs de ses peuples ; il tire , du sein de la terre , les métaux pour en fabriquer des armes & des instrumens d'agriculture.

Il fait bâtir Suze, devenue, après lui, la Métropole de la Perse.

Il écrit le Livre de la *Sageſſe éternelle.*

On croit qu'il meurt écraſé par un rocher que lui lancent des brigands dans les montagnes de Damavend.

TAMURAS, fils ou petit-fils de Huſſein, bâtit ſept villes dans ſes Etats, & embellit Ninive & Babylone.

On lui doit la culture du ris, & la découverte des vers-à-ſoie.

Il introduit, dans ſon Royaume, la tolérance des cultes religieux.

Il meurt de la peſte, à Balk, où il faiſait ſa réſidence.

GIAM, frère ou neveu de Tamuras, hérite de ſa Couronne; il partage la nation qu'il gouverne en trois claſſes, épure ſa légiſlation, & réforme ſon calendrier.

Ce Prince aſpire à la gloire des conquêtes. Ses ſuccès militaires. Il ajoute à ſes Etats ſept nouvelles provinces.

Il fonde Perſépolis.

Ses mœurs ſe dépravent, & il veut

être adoré de ses peuples à l'égal de l'Etre suprême. Les Arabes font une descente dans la Perse. Giam est défait & pris. Zohas, Général de l'armée victorieuse, fait scier en deux sa victime.

Zohas usurpe la Couronne de Perse, & fait gémir les peuples sous sa tyrannie.

Un simple Forgeron devient le libérateur de son pays ; il soulève ses concitoyens, & fait couronner un petit-fils de Giam, échappé, par hasard, à la barbarie de Zohas.

Bataille entre l'armée de Zohas, & celle du Forgeron ; le Tyran est vaincu, & renfermé dans une caverne.

Phéridoun donne au Forgeron, son bienfaiteur, l'Irak Persienne, avec Ispahan, sa capitale, en toute souveraineté.

Conquêtes de ce Prince ; son nom est placé, dans l'Orient, à côté de ceux de Ninus & de Sémiramis.

Il épouse la fille de Zohas, & en a

deux enfans, qui font le tourment &
l'opprobre de fa vie.

Second mariage de Phéridoun. Irège,
qui en eft iffu, mérite toute la tendreffe
de fon père, qui le défigne pour fon
fucceffeur au Trône de Perfe.

Les deux frères d'Irège l'affaffinent, &
envoient fa tête à fon père.

Manougiar, fils d'Irège, venge fa mort
en tuant lui-même fes affaffins.

Manougiar aime la paix, & fe
rend cher à fes peuples par les monumens
utiles qu'il élève dans la Perfe.

Invafion d'un Roi du Turqueftan. La
Monarchie eft démembrée.

Naiffance du célèbre Ruftan.

Naudar fuccède à fon père, & règne
fept ans. Afrafiab, Souverain du Turqueftan, fait une nouvelle irruption dans
la Perfe, défait Naudar, & le tue de fa
main fur le champ de bataille.

Afrasiab ufurpe le Trône de la
Perfe, & l'occupe douze ans. Zalzer, le
père de Ruftan, marche contre l'ufur-

pateur, & le force, après diverses victoires, à se retirer dans ses Etats héréditaires.

ZAB descendait de Tamuras, il dut sa Couronne à la générosité de Zalzer; mais il ne répondit point à l'attente de ce Héros; les Turcs le vainquirent & le tuèrent. Il avait régné six ans.

KAICOBAD est encore fait Roi par Zalzer. Ce choix fut applaudi par ses peuples & par leur postérité.

Rustan, fils de Zalzer, est nommé Général de l'armée qu'on destine à réprimer les invasions d'Afrasiab; il ne combat que pour remporter des victoires.

Ce Prince institue, dans la Perse, les mesures itinéraires.

KAICAOUS succède à son père; il commence son règne par une expédition heureuse dans le Mazandran.

L'année suivante, il fait une nouvelle invasion dans la même contrée; l'ennemi le prend prisonnier, mais il est délivré par la bravoure de Rustan.

Conquêtes de Rustan dans la Syrie, dans l'Egypte & dans l'Asie-Mineure.

Kaicaous force, l'épée à la main, un Roi Arabe à lui donner Saudabah, sa fille, en mariage.

Ce Prince est fait prisonnier par les Arabes, & délivré une seconde fois par Rustan. Traité entre Kaicaous & Afrasiab.

Siavek, fils de Kaicaous, quitte la Perse, par une intrigue de Cour, & va dans le Turquestan. Afrasiab lui donne sa fille en mariage.

Assassinat de Siavek. Kaicosrou, son fils, se réfugie en Perse, & Kaicaous le proclame héritier de sa Couronne.

Kaicosrou entre en guerre avec les assassins de son père.

Combat singulier de douze Turcs & de douze Perses.

Kaicosrou défait Afrasiab, le tue, & unit à la Perse le Turquestan.

Combat du Prince contre un reptile monſtrueux qui déſolait les campagnes.

Après un règne de ſoixante ans, il abdique la Couronne, & ſe retire dans un déſert.

# ORDRE DES ÉVÈNEMENS

*DONT ON PEUT FIXER LA CHRONOLOGIE.*

| | Ere de Callif-thène. | Durée jusqu'à nous. |
|---|---|---|
| Naissance de Cyrus. Un texte de Cicéron, nous apprend que ce Prince avait 70 ans quand il mourut (a) ; ainsi sa naissance remonte à l'an . . . . . . | 1631 | 2379 |
| On peut placer, à cette époque, la naiſſance du ſecond Zoroaſtre . . . . . | 1665 | 2345 |
| Cyrus ſe préſente, à la tête d'une armée, ſur les frontières de la Médie. Défaite d'Aſtyage. Siége d'Ecbatane. . . . . . . . . . | 1668 | 2342 |
| Ecbatane eſt emportée d'aſſaut . . . . . . . . . | 1669 | 2341 |

(a) De *Divinat.* lib. 1.

Aſtyage ſe cache dans un ſouterrein, ſous la ſauve-garde d'Amytis, ſa fille, & de Spithame, ſon gendre.

Cyrus fait mettre Amytis, Spithame & leurs enfans à la torture. Aſtyage ſort de ſon aſyle, & ſe livre au Tyran.

Spithame, époux d'Amytis, eſt envoyé au ſupplice. . . . . . . . . . . .

Mariage de Cyrus avec Amytis.

On rend la liberté à Aſtyage, & on lui laiſſe, dans Ecbatane, de vains honneurs ſans pouvoir.

C'eſt de cette année, qui eſt la première de la cinquième Olympiade, qu'on datte l'avènement

| Ere de Calliſthène. | Durée juſqu'à nous. |
|---|---|
| 1670 | 2340 |

| | Ere de Callif-thène. | Durée jusqu'à nous. |
|---|---|---|
| de Cyrus au Trône des Mèdes. | | |
| Les peuples de la Bactriane, alliés des Mèdes, s'arment pour la défense d'Aftyage . . . . . . . . . | 1671 | 2339 |
| Bataille entre Cyrus & le Général des Bactriens, qui n'aboutit qu'à faire répandre beaucoup de fang. | | |
| Cyrus déclare qu'il eft l'ami & le gendre d'Aftyage; alors les Bactriens mettent bas les armes, & fe rendent les vaffaux des Perfes. | | |
| Expédition de Cyrus, chez un peuple de la Scythie, nommé les Saces . . | 1673 | 2337 |
| Grande bataille. Les Saces font vaincus, & leur Roi, Amorgès, eft fait prifonnier. | | |

| | Ere de Callifthène. | Durée jufqu'à nous. |
|---|---|---|
| Sparethra, femme d'Amorgès, lève une nouvelle armée, & recommence la guerre . . . . . . . . . . . | 1674 | 2336 |
| Nouvelle bataille, où Cyrus eft défait ; les Saces font prifonniers le frère d'Amytis, avec fes trois fils. On les échange avec Amorgès. | | |
| Grands préparatifs, faits par Cyrus, pour une expédition contre Créfus, Roi de Lydie . . . . . . . . . . | 1680 | 2330 |
| Commencement de la guerre . . . . . . . . . . . | 1681 | 2329 |
| Bataille de Thymbrée. Créfus eft défait, & fe fauve dans fa capitale. Siége de Sardes. . . . . . . | 1682 | 2328 |
| La ville fe rend. Siége de la citadelle. | | |
| Capitulation de Créfus. | | |

| | Ere de Callif- thène. | Durée jusqu'à nous. |
|---|---|---|
| Cyrus fait maſſacrer le fils de ce Monarque. | | |
| Les Perſes arrachent le Roi de Lydie du temple, où il avait cherché un aſyle. Heureux concours d'évènemens qui ſauvent la vie de ce Prince. | | |
| La conquête de la Lydie entraîne celle de la plus grande partie de l'Aſie-Mineure . . . . . . . . . . . . | 1683 | 2327 |
| Guerre de Cyrus contre les Souverains de Babylone . . . . . . . . . . . | 1689 | 2321 |
| Siége de Babylone . . . | 1690 | 2320 |
| Priſe de cette ville par les Perſes, & fin du Royaume d'Aſſyrie . . . . . . . | 1692 | 2318 |
| Aſtyage, qui craint Cyrus, ſe cache dans les déſerts de la Médie. | | |
| Les Miniſtres de Cyrus | | |

| | Ere de Callif-thène. | Durée jufqu'à nous. |
|---|---|---|
| font périr Aftyage de faim & de foif dans les déferts qu'il a choifis pour fon afyle. . . . . . . . . . . . . | 1694 | 2306 |
| Amytis fait écorcher vif l'Eunuque Petifaca, qui a exécuté ce régicide. | | |
| Suicide d'Œbarès, Miniftre de la Médie, qui a ordonné la mort d'Aftyage. | | |
| Cyrus donne aux Hébreux le fameux Edit qui leur permet de rebâtir le Temple de Jérufalem. | | |
| Fin de l'Empire des Mèdes. | | |
| Préparatifs de Cyrus, pour une guerre contre les Derbices . . . . . . . | 1699 | 2311 |
| Les Derbices allarmés, envoient demander du fecours aux Indiens, ils en | | |

| | Ere de Callif-thène. | Durée jufqu'à nous. |
|---|---|---|
| obtiennent des éléphans & des troupes auxiliaires . . . . . . . . . . . | 1700 | 2310 |
| Bataille entre les Perfes & les Derbices. Les Perfes font défaits. Cyrus eft bleffé d'un coup mortel. . | 1701 | 2309 |
| A peine Cyrus eft-il ramené dans fa tente, qu'Amorgès, Roi des Saces, paraît dans le camp, avec un renfort de vingt mille chevaux. | | |
| Nouvelle bataille. Les Derbices font vaincus à leur tour, & leur pays paffe fous la domination des Perfes. | | |
| Mort de Cyrus. | | |
| Avènement de Cambyfe au Trône de la Perfe. | | |
| Un Eunuque eft chargé de conduire, en Perfe, le corps de Cyrus. . . . . . | 1702 | 2308 |

| | Ere de Callifthène | Durée jufqu'à nous. |
|---|---|---|
| Cambyfe demande au Pharaon d'Egypte Amafis, fa fille en mariage. Celui-ci, au lieu d'elle, lui envoie Nitétis, fille d'Apriès; dont il avait ufurpé la Couronne . . . . . . . . . . . . | 1703 | 2307 |
| Nitétis emploie fon afcendant fur l'efprit de Cambyfe, pour l'engager à porter la guerre en Egypte. | | |
| Cambyfe commence fon expédition par la prife de Pélufe, la clef de l'Egypte, du côté de l'Afie . . . . . | 1704 | 2306 |
| Bataille entre Cambyfe & Pfammenit, fucceffeur d'Amafis. Les Perfes font vainqueurs . . . . . . . . | 1705 | 2305 |
| Memphis eft prife d'affaut. Les Perfes font prifonniers Pfammenit avec toute la famille Royale. | | |

| | Ere de Callif-thène. | Durée jusqu'à nous. |
|---|---|---|
| Cambyse fait périr, sur l'échaffaut, l'héritier présomptif de la Couronne d'Egypte. | | |
| Psammenit lui-même est empoisonné par ordre du Tyran. | | |
| Réduction de l'Egypte entière . . . . . . . . . | 1706 | 2304 |
| Contagion affreuse qui défole l'Egypte. | | |
| Cambyse se propose de subjuguer l'Ethyopie . . . | 1707 | 2303 |
| Ce Prince envoie cinquante mille hommes dans les plaines d'Ammon, pour piller le temple de Jupiter. Des tourbillons de sables s'élèvent, & les cinquante mille hommes disparaissent . . . . . . . . . . . | 1708 | 2302 |
| Cambyse s'engage témérairement dans les déferts brûlans de l'Afrique. Di- | | |

| | Ere de Callifthène. | Durée jufqu'à nous. |
|---|---|---|
| fette horrible de vivres dans fon armée. Il eft obligé de retourner en Egypte. | | |
| Incendie des Temples Egyptiens, par ordre de Cambyfe . . . . . . . . . | 1709 | 2301 |
| Afyle des tombeaux violé. | | |
| Supplice des Magiftrats de Memphis. | | |
| Retour de Cambyfe en Perfe . . . . . . . . . . | 1710 | 2300 |
| Complot extraordinaire contre la vie de Tanyoxarce, frère de Cambyfe. | 1711 | 2299 |
| Tanyoxarce périt fous le nom du Mage Sphendadate. | | |
| Le Mage Sphendadate prend le nom de Tanyoxarce, & devient Satrape de la Bactriane. | | |
| Cambyfe devient amou- | | |

| | Ere de Callif-thène. | Durée jusqu'à nous. |
|---|---|---|
| reux de Méroë, sa sœur. Il demande aux Magistrats de la Perse, s'il peut l'é-pouser; on lui répond qu'il peut, en qualité de Roi, faire tout ce qui lui plaît. Le mariage incestueux s'exécute . . . . . . . . . | 1712 | 2298 |
| Le secret de la trame contre Tanyoxarce, est dé-voilé par un Eunuque de Sphendadate . . . . . . . | 1716 | 2294 |
| Amytis demande au Roi, son fils, la tête de Sphendadate. On la re-fuse avec dureté, & elle s'empoisonne. | | |
| Meroë témoigne sa sen-sibilité sur la mort de Tanyoxarce. Cambyse la maltraite avec tant de vio-lence, qu'elle accouche avant terme, & meurt . . | 1717 | 2293 |

| | Ere de Callifthène. | Durée jufqu'à nous. |
|---|---|---|
| Le Tyran condamne à mort Créfus, qui échappe au fupplice . . . . . . . . . | 1718 | 2292 |
| Cambyfe inonde fa Cour du fang de fes Satrapes. | | |
| Il perce d'une flèche, dans un feftin, le cœur du fils de Prexafpe. | | |
| Cambyfe vient à Babylone, fe bleffe avec fon cimeterre, & meurt de fa bleffure . . . . . . . . . . | 1719 | 2291 |
| Avènement du Mage Sphendadate au Trône de Cyrus. | | |
| Ixabate, chargé de conduire en Perfe le corps de Cambyfe, dénonce à l'armée le Mage comme un ufurpateur. On l'arrête dans un temple, & on l'envoie au fupplice. | | |
| Edit émané de la Cour de Perfe, qui exempte, | | |

pendant trois ans, la na-
tion de tout impôt & de
tout service militaire.

Onophas, qu'on appelle
aussi Otane, engage Phé-
dime, sa fille, une des
maitresses du Mage, de
découvrir si le prétendu
Tanyoxarce a des oreilles;
les soupçons sont confir-
més par le rapport de Phé-
dime, & on diffame le
nouveau Roi dans sa capi-
tale.

Conspiration de sept
Satrapes contre Sphenda-
date.

Prexaspe harangue le
peuple du haut d'une tour,
dévoile tous les complots
des Mages, & se précipite
du haut de la tour.

Sphendadate est tué,

| Ere de Callisthène. | Durée jusqu'à nous. |
|---|---|
| 1719 | 2291 |

| | Ere de Callifthène. | Durée jufqu'à nous. |
|---|---|---|

dans fon Palais , par les conjurés , après un règne de fept mois.

Maſſacre des Mages , & fêtes inſtituées pour en perpétuer la mémoire.

Les fept Satrapes , aſſemblés pour l'élection d'un Roi , conviennent qu'on choiſirait celui d'entr'eux dont le cheval hennirait le premier à l'aſpect du Soleil.

Election de Darius , fils d'Hyſtafpe.

| | Ere de Callifthène. | Durée jufqu'à nous. |
|---|---|---|
| Darius épouſe quatre femmes, dont deux font filles de Cyrus . . . . . . | 1720 | 2290 |

Supplice du Satrape Intapherne.

Darius ſe fait ériger un tombeau ſur la cime d'une montagne ; le père & la

| | Ere de Callif-thène. | Durée jusqu'à nous. |
|---|---|---|
| mère du Prince veulent le voir ; cette curiosité leur coûte la vie. . . . . . . . | 1721 | 2289 |
| Darius fait massacrer, dans son Palais, le Satrape Oretès, qui tyrannisait la Lydie. | | |
| Grand crédit du Médecin Grec, Démocède, à la Cour de Perse. | | |
| Le second Zoroastre paraît devant Darius, & l'étonne par ses prestiges. | | |
| Expédition d'Ariamnès, Général de Darius dans la Scythie . . . . . . . . . | 1722 | 2288 |
| Le Roi de Perse vient lui-même commander son armée ; il jette un pont sur le Bosphore, & dévaste la Scythie. | | |
| La terreur s'empare tout-à-coup des Perses. Darius | | |

| | Eté de Callisthène. | Durée jusqu'à nous. |
|---|---|---|
| | 1722 | 2288 |

repaſſe précipitamment le Danube, rompt le pont qu'il avait fait conſtruire, avant que ſon armée entière ait défilé, & laiſſe quatre-vingt mille hommes en Europe, qui ſont maſſacrés par les Scythes.

Révolte de Babylone, ſuivant Hérodote. Ctéſias, de ſon côté, place cet évènement ſous le règne de Xerxès ; la négligence de Photius nous empêche de réſoudre ce problême chronologique.

Darius, après vingt mois de ſiége, ne ſe trouve pas plus avancé que le premier jour. Il eſt ſur le point de ſe retirer de devant les murs de Babylone.

Zopyre ſe coupe le nez

| | Ere de Callisthène. | Durée jusqu'à nous. |
|---|---|---|
| & les oreilles, & par cet artifice, rend Darius maître de cette ville . . . . . . . . | 1723 | 2287 |
| Expédition des Perses dans l'Inde ; ils en subjuguent une partie, & en forment une province de l'Empire . . . . . . . . . | 1724 | 2286 |
| Darius soumet la Perse à des impositions annuelles. | | |
| Il réforme la législation. | | |
| Il divise l'Empire en vingt Satrapies. | | |
| Guerre de Darius en Grèce . . . . . . . . . . | 1725 | 2285 |
| Premiers succès des Perses. Mégabyse s'empare de la Thrace. Otane subjugue quelques Isles de l'Archipel. | | |
| Athènes se réveille. Ses Généraux s'emparent de Sardes. Incendie de cette ville. . . . . . . . . . . | 1726 | 2284 |

| | Ere de Callif-thène. | Durée jufqu'à nous. |
|---|---|---|
| Succès variés de la guerre entre les Perfes & les Grecs . . . . . . . . . . . | 1729 | 2281 |
| Les Généraux de Darius reprennent l'Ionie. . . . . | 1732 | 2278 |
| Mardonius, gendre du Roi, eft envoyé contre les Grecs. Commencement heureux de fon expédition . . . . . . . . . . . . | 1734 | 2276 |
| Darius fait demander aux Grecs, par fes Ambaffadeurs, qu'ils fe reconnaiffent pour fes vaffaux. . | 1735 | 2275 |
| Demarate, banni de Lacédémone, où il régnait, vient demander un afyle à la Cour de Perfe. | | |
| Darius envoie le Satrape Datis en Europe, avec une armée formidable, foutenue par une flotte de fix cents voiles. . . . . . . . | 1738 | 2272 |
| Bataille célèbre de Ma- | | |

| | Ere de Callisthène. | Durée jusqu'à nous. |
|---|---|---|
| rathon, entre le Satrape Datis & Miltiade, Général de l'armée Grecque. Datis est défait, & périt sur le champ de bataille. . . . . | 1740 | 2270 |
| On peut placer, à cette époque, la mort du second Zoroaftre ; on a cru que fur la fin de fa vie, ce Sage comptait, en Afie, quatre-vingt mille profélytes. . . . . . . . . . . | 1742 | 2268 |

Mort de Darius, la vingt-cinquième année de fon règne, & la quarante-troifième de fa vie. Ici, nous nous éloignons des Hiftoriens, & de Ctéfias lui - même ; mais c'eft la dialectique des faits qui nous entraîne. Le célèbre Hiftorien de Gnide, dit que Darius mourut à quarante-trois ans, & qu'il en régna trente & un ; mais suivant ce calcul, il n'aurait eu que douze ans quand il conspira, avec les Satrapes, contre Sphendadate ; ce qui est absurde. On a soupçonné qu'il y avait un chiffre pour un autre dans ce nombre 31 qu'on lit dans le Ctéfias de Photius ( *a* ) ; tous les deux peuvent avoir été altérés par les copistes. Ce qu'il y a de sûr, c'est qu'on ne peut concilier Ctéfias avec lui-même, avec l'Ere des Olympiades, & avec la raison, qu'en supposant vingt - cinq ans de règne à Darius. Ainsi sa mort tombe à l'an . . . . . . .

| Ere de Callisthène. | Durée jusqu'à nous. |
|---|---|
| 1744 | 2266 |

( *a* ) Note de l'Abbé Gedoyn, *Mémoires de l'Académie des Belles - Lettres*, tome 21, pag. 456.

| | Ere de Callif-thène. | Durée jufqu'à nous. |
|---|---|---|
| Avènement de Xerxès I au Trône de Cyrus. | | |
| L'Egypte fe fouftrait à la domination des Perfes. | | |
| Mariage du Roi avec Ameftris, fille du Satrape Onophas. | | |
| Naiffance de Darius, fils aîné de Xerxès. . . . | 1745 | 2265 |
| Xerxès va à Babylone, & veut enlever les tréfors qu'il croit amoncelés dans le tombeau de Bélus. | | |
| Révolte de Babylone, fuivant le récit de Ctéfias, & réduction de cette ville par le ftratagême de Megabyfe. | | |
| Naiffance d'Artaxerxe Longuemain . . . . . . . | 1746 | 2264 |
| Xerxès fe propofe de conquérir le Monde, & veut commencer par fub- | | |

| | Ere de Callif-thène. | Durée jufqu'à nous. |
|---|---|---|
| juguer la Grèce. Prépara-tifs formidables de cette guerre. . . . . . . . . . . | 1747 | 2263 |
| Le Roi fait une ligue offenfive & défenfive avec Carthage, qui achète, avec l'argent de la Perfe, une armée de trois cents mille hommes . . . . . . . . . | 1748 | 2262 |
| Lettre menaçante, écrite par Xerxès au mont Athos. Travaux pour conftruire un canal dans une gorge de cette chaîne de mon-tagnes . . . . . . . . . | 1749 | 2261 |
| Pont de bateaux bâti fur l'Hellefpont. Une tem-pête le détruit. On jette, par l'ordre de Xerxès, des chaînes dans la mer, & on la frappe de ver-ges. | | |
| On conftruit un pont | | |

| | Ere de Callisthène. | Durée jusqu'à nous. |
|---|---|---|
| nouveau sur l'Hellespont, & Xerxès y fait défiler son armée. . . . . . . . . . . | 1750 | 2260 |

Eclipse totale & centrale du Soleil, rapportée sur la foi d'Hérodote. Elle n'a point été vérifiée par les Astronômes.

Trois cents Spartiates arrêtent, pendant plusieurs jours, trois millions de Perses, au défilé des Thermopyles. Mort de Léonidas & de ses Spartiates.

Le jour où Léonidas est tué aux Thermopyles, la flotte des Perses & celle des Grecs se combattent auprès d'Artémise. Malgré l'énorme disproportion des forces, le succès est balancé, & les deux partis s'attribuent la victoire.

| | Ere de Callif-thène. | Durée jufqu'à nous. |
|---|---|---|
| Prife & incendie d'Athè-nes par l'armée de Xerxès. | | |
| Grande bataille navale devant Salamine, entre les Grecs & les Perfes. Les premiers remportent une victoire complette. Cette journée mémorable tom-be, fuivant la Chronique des marbres de Paros, à la première année de la 75ᵉ Olympiade, qui ré-pond, comme nous l'in-diquons ici, à l'an 1750 de l'Ere de Callifthène. | 1750 | 2260 |
| Xerxès laiffe Mardonius en Grèce, & fe fauve en Afie. | | |
| Bataille célèbre de Platée entre l'armée d'Ariftide & celle de Mardonius. Nou-veau triomphe des Grecs. Cette victoire de Platée eft marquée dans la Chro- | | |

| | Ere de Callif-thène. | Durée jusqu'à nous. |
|---|---|---|
| nique des marbres , à la seconde année de la 75ᵉ Olympiade ; ce qui tombe à l'an . . . . . . . . . . . | 1751 | 2259 |

Le jour de la bataille de Platée , la flotte Grecque défait celle des Perses à Mycale.

Mardonius veut piller le Temple de Delphes. Mort de ce Satrape, suivant Ctésias.

Xerxès rentre dans Suze, dévoré de chagrin.

| | | |
|---|---|---|
| Ce Prince donne en mariage la jeune Artaïnte, fille de son frère Mafiftès, à Darius , l'héritier présomptif de sa Couronne . | 1752 | 2258 |

Il devient épris d'Artaïnte, & la séduit. Scandale que ses amours donnent à la Perse.

| | Ere de Callifthène. | Durée jufqu'à nous. |
|---|---|---|
| La jaloufie s'empare d'Ameftris , femme de Xerxès. Horrible vengeance qu'elle tire de la mère d'Artaïnte. | | |
| Fuite de Mafiftès. Il eft maffacré par les Satellites de Xerxès, & fon Gouvernement de la Bactriane eft donné à Hyftafpe, frère de Darius & d'Artaxerxe. | | |
| Xerxès fe dégoûte d'Artaïnte , & fe livre à la débauche dans l'ombre de fon Serrail . . . . . . . . | 1753 | 2257 |
| Silence profond de l'Hiftoire pendant les douze dernières années du règne de ce Defpote. | | |
| Xerxès eft maffacré dans fon lit par Artabane , Capitaine de fes gardes . . . | 1765 | 2245 |
| Arrabane accufe Darius, l'héritier préfomptif de la | | |

| | Ere de Callif-thène. | Durée jusqu'à nous. |
|---|---|---|

Couronne de Perfe, d'avoir affaffiné fon père pour lui fuccéder. Ce Prince eft tué par fon frère Artaxerxe.

Le véritable meurtrier de Xerxès, qui afpirait à fa Couronne, défait de Darius, veut tuer Artaxerxe. Combat fingulier où ce conjuré perd la vie.

Avènement d'Artaxerxe I au Trône de la Perfe.

Révolte d'Hyftafpe, fils de Xerxès, & Satrape de la Bactriane; une première bataille ne décide rien; la feconde termine la guerre; il eft probable que le rebelle y eft tué . . . . . . 1766 | 2244

Dépofition de tous les Satrapes, foupçonnés d'a-

|  | Ere de Callifthène. | Durée jufqu'à nous. |
|---|---|---|
| voir favorifé les derniers troubles. | | |
| Réforme des abus introduits dans la légiflation. | | |
| Thémiftocle, exilé d'Athènes, fe réfugie à la Cour d'Artaxerxe. | | |
| Inare foulève l'Egypte, & s'en fait le Souverain. | | |
| Achœménide marche, à la tête des Perfes, contre les rebelles ; ce Général eft vaincu, & tué par Inare fur le champ de bataille.. | 1767 | 2243 |
| Les débris de l'armée vaincue fe fauvent à Memphis, & reftent bloqués pendant trois ans, fans qu'on puiffe les forcer à fe rendre. | | |
| Megabyfe vient en Egypte venger la mort d'Achœménide :...... | 1770 | 2240 |

| | Ere de Callisthène. | Durée jusqu'à nous. |
|---|---|---|
| Ce Satrape délivre les Perses, bloqués dans Memphis. | | |
| Bataille entre Inare & Megabyse. L'Egyptien, vaincu & blessé, est obligé de chercher un asyle dans les remparts de Byblos. . | 1772 | 2238 |
| Siége de Byblos par le vainqueur. | | |
| Les Athéniens, qui servaient de troupes auxiliaires à Inare, campent dans une Isle de Prosopitis, formée par deux bras du Nil, tous deux navigables, & située aux pieds des murs de Byblos. | | |
| Megabyse, après un an & demi de siége inutile, saigne, par divers canaux, les bras du Nil qui formaient l'isle de Prosopitis, met à sec la flotte des Grecs | | |

| | Ere de Callif-thène. | Durée jufqu'à nous. |
|---|---|---|
| qui y était à la rade, & ouvre à fon armée un paffage pour pénétrer jufqu'aux murs de Byblos. . | 1774 | 2236 |
| Inare, fans reffource, capitule avec Megabyfe, à condition qu'on lui laiffera la vie. | | |
| Les Athéniens brûlent leur flotte, & formant un bataillon quarré, préfentent fièrement le combat à l'armée innombrable des Perfes ; Megabyfe, qui redoute les effets de leur défefpoir, leur permet de retourner dans leur patrie. | | |
| La retraite des Grecs, & la prife de Byblos, font rentrer l'Egypte fous la domination d'Artaxerxe. | | |
| Naiffance d'Artaxerxe Mnémon, fuivant Plutarque . . . . . . . . . . . | 1775 | 2235 |

| | Ere de Callifthène. | Durée jufqu'à nous. |
|---|---|---|
| Artaxerxe envoie Thémiftocle à Magnéfie, & lui donne le revenu de trois villes pour fa fubfiftance . . . . . . . . . . . . | 1776 | 2234 |
| Megabyfe, de retour à Suze, après fon expédition glorieufe de l'Egypte, follicite, auprès du Roi, la ratification du traité de Byblos, & l'obtient. | | |
| Amytis, malgré cette ratification, demande qu'on lui livre Inare pour l'immoler aux Manes d'Achœménide. Refus d'Artaxerxe. | | |
| Commencement de la guerre d'Athènes avec le Roi de Perfe. . . . . . . | 1777 | 2233 |
| Cimon, à la tête d'une flotte Grecque, defcend dans l'Afie, fait la conquête d'Amphipolis, fub- | | |

| | Ere de Callisthène. | Durée jusqu'à nous. |
|---|---|---|
| jugue la Carie & la Lydie, & délivre Byzance du joug des Barbares . . . . . . . . | 1778 | 2232 |
| Siége d'Eione ; résistance héroïque de son Gouverneur. Prise de cette ville par le Général d'Athènes. | 1779 | 2231 |
| Bataille navale d'Eurymédon. Cimon est vainqueur, & prend, aux Perses, deux cents vaisseaux. . . . . . . . . . . | 1780 | 2230 |

Le même jour, les Athéniens descendent à terre, & taillent en pièces une armée d'Artaxerxe.

Le lendemain, Cimon, remonté sur ses vaisseaux, trouve quatre-vingt vaisseaux Phéniciens qui venaient joindre les Amiraux du Roi de Perse ; il prend ou coule à fond toute cette flotte, & rentre triomphant

| | Ere de Callifthène. | Durée jufqu'à nous. |
|---|---|---|
| dans Athènes, après cette triple victoire. | | |
| L'Ifle de Chypre eft fubjuguée par Cimon, & paſſe ſous la dépendance des Grecs . . . . . . . . . | 1781 | 2229 |
| Artaxerxe fait propoſer à Thémiftocle de commander en chef une armée qu'il deftine à une expédition contre la Grèce. | | |
| Thémiftocle ne voulant manquer ni à ſa patrie, ni à ſon bienfaiteur, s'empoiſonne. | | |
| Le Roi de Perſe, effrayé du progrès des armes Athéniennes, fait, avec la Grèce, une paix qui l'humilie. | | |
| Amytis, après cinq ans de vaines follicitations, obtient enfin du faible Artaxerxe, qu'on remette Inare entre ſes mains; elle | | |

| | Ere de Callisthène. | Durée jusqu'à nous. |
|---|---|---|
| fait trancher la tête à cinquante Grecs qui avaient servi sous ce fameux rebelle, & le fait lui-même expirer sur trois croix. | | |
| Megabyse, outré de cette infraction du traité de Byblos, se retire dans son Gouvernement de Syrie, & lève, contre le Roi, une armée de cent cinquante mille hommes ... | 1782 | 2228 |
| Osiris est nommé, par Artaxerxe, pour réduire la Syrie. Bataille sanglante entre les deux armées. Megabyse est vainqueur, fait prisonnier Osiris, & a la générosité de le renvoyer à Artaxerxe .... | 1783 | 2227 |
| Menostate, neveu du Roi de Perse, vient avec des troupes encore plus nombreuses, venger la | | |

| | Ere de Callisthène. | Durée jusqu'à nous. |
|---|---|---|
| défaite d'Osiris ; il est vaincu lui-même , & Megabyse est confirmé plus que jamais dans son indépendance. . . . . . . . . . | 1784 | 2226 |
| On croit que c'est à cette époque que Néhémias obtint d'Artaxerxe la permission de rebâtir les murs de Jérusalem. . . . . . . . | 1785 | 2225 |
| On fait craindre au Roi de Perse que Megabyse ne porte son ambition jusqu'au Trône de Cyrus ; il envoie en Syrie sa femme & son Eunuque favori, pour traiter avec le rebelle qui s'en était fait Souverain ; la paix se conclut, Megabyse rend la Syrie à Artaxerxe, & revient à la Cour de Perse . . . . . . | 1786 | 2224 |

Megabyse , dans une partie de chasse, sauve la

| | Ere de Callisthène. | Durée jusqu'à nous. |
|---|---|---|
| vié du Roi, & pour récompense, il est exilé sur les bords de la mer Rouge. | | |
| Megabyse, au bout de cinq ans s'ennuie de son exil, feint d'être lépreux pour se dérober à la vigilance de ses gardes, & revient à Suze; il rentre en grace auprès d'Artaxerxe . . . . . . . . . . . . | 1791 | 2219 |
| Mort de ce fameux Satrape. . . . . . . . . . . . . | 1792 | 2218 |
| Amytis, femme de Megabyse, libre de toute contrainte, devient la Messaline de la Perse. | | |
| Stérilité en évènemens des dernières années du règne d'Artaxerxe. | | |
| Amytis devient amoureuse du Médecin Grec, Apollonide; celui-ci s'appercevant que la maladie | | |

| | Ere de Callif-thène. | Durée jufqu'à nous. |
|---|---|---|
| de la Princeffe dégénérait en phtifie, ceffe fubitement avec elle tout commerce. Amytis demande vengeance à fa mère Ameftris. | | |
| Supplice affreux d'Apollonide. . . . . . . . . | 1805 | 2205 |
| Mort d'Artaxerxe. Créfias dit qu'il régna quarante-deux ans ; ce qui ne peut fe concilier avec la Chronologie, à moins qu'on ne fuppofe que ce Prince fut affocié l'efpace de deux ans au Trône de Xerxès, fon père. Au refte, Eusèbe, St. Jérôme, & fur-tout Diodore (a), s'accordent à dire que le règne d'Artaxerxe ne fut que de | | |

(a) *Hiftor. Univerf.* lib. xi, parag. 25.

| | Ere de Callisthène. | Durée jusqu'à nous. |
|---|---|---|
| quarante ans. Alors sa mort tombe à la fin de l'année précédente, ou au commencement de l'an. . . . | 1806 | 2204 |

Xerxès II, seul enfant légitime d'Artaxerxe, succède à son père au Trône de Perse.

Sogdien, un des bâtards du dernier Roi, massacre Xerxès : il n'avait régné que quarante-cinq jours.

Avènement de Sogdien au Trône.

Supplice de Bagoraze, l'Eunuque favori d'Artaxerxe.

Ochus, un autre bâtard d'Artaxerxe, soulève l'Hyrcanie, dont il était Gouverneur, & se fait proclamer Roi de Perse.

Traité de Sogdien & d'Ochus ; le premier cède

la Couronne, à condition qu'on lui fauvera la vie.

Supplice de Sogdien.

On eſt étonné de ne trouver, dans le Canon de Ptolémée, ni le nom de Xerxès II, ni celui de Sogdien; la furpriſe ceſſe, quand on obſerve que ces deux Princes, ayant à peine régné entr'eux deux l'intervalle de huit mois, ne pouvaient être placés dans un Canon conſacré, non à donner les Faſtes de la Perſe, mais à fixer une Chronologie pour les Aſtronômes.

Avènement d'Ochus au Trône de Perſe. Il prend le nom de Darius II; on le connaît fous celui de Darius Nothus. . . . . . . .

Ce Prince s'endort fur

| | Ere de Calliſthène. | Durée juſqu'à nous. |
|---|---|---|
| | 1807 | 2203 |

le Trône, & son règne est vraiment celui de sa femme Parisatis, qui est la célèbre Homaï des Orientaux.

| | Ere de Callisthène. | Durée jusqu'à nous. |
|---|---|---|
| On recherche les complices de Sogdien, dans l'assassinat du second Xerxès; l'Eunuque Pharnacias, convaincu d'avoir prêté les mains à ce régicide, est exécuté; Menostate, soupçonné, prévient, par une mort volontaire, son supplice. . . . . . . . . . . | 1808 | 2202 |
| Parisatis choisit, pour Ministres d'Etat, trois Eunuques qui reçoivent ses ordres, & les communiquent à la Perse. | | |
| Révolte d'Arsitès, un des dix-sept bâtards d'Artaxerxe . . . . . . . . . . | 1809 | 2201 |

Artyphis, fils du célèbre

| | Ere de Callisthène. | Durée jusqu'à nous. |
|---|---|---|
| Megabyse, se joint à Arsitès, & lui amène un renfort de troupes Grecques. | | |
| Première victoire des troupes confédérées des rebelles. | | |
| Seconde victoire que les deux Satrapes gagnent contre les Généraux de Parisatis. . . . . . . . . . | 1810 | 2200 |
| Les émissaires de Parisatis corrompent, à prix d'argent, les Grecs qui servaient de troupes auxiliaires aux rebelles, & qui se retirent ; Artyphis & Arsitès sont vaincus à leur tour . . . . . . . . . . . . . | 1811 | 2199 |
| Les deux Satrapes capitulent avec Parisatis ; elle leur promet la vie, & à peine les a-t-elle en son pouvoir, qu'elle les envoie au supplice. | | |

| | Ere de Callif-thène. | Durée jufqu'à nous. |
|---|---|---|
| Pifuthnès , Satrape de Lydie , peu effrayé du fort d'Arfitès, fe foulève , & fait la guerre à Darius. | 1812 | 2198 |
| Tiffapherne, Général de Parifatis , ne cherche point à réduire le Satrape par la force ; il corrompt les Athéniens qui étaient à la folde du rebelle , & ceux-ci livrent aux Perfes leur victime. | | |
| Pifuthnès , arrivé à Suze, eft étouffé fous un monceau de cendres. . . . . . | 1813 | 2197 |
| Amorgas, fils du Satrape de Lydie , raffemble les débris de l'armée de fon père, & continue la guerre. | | |
| Tiffapherne , maître de la perfonne d'Amorgas , l'envoie au fupplice. . . . . | 1815 | 2195 |
| L'Eunuque Artoxare , premier Miniftre de la | | |

| | Ere de Callif-thène. | Durée jufqu'à nous. |
|---|---|---|
| Perfe, veut s'en faire Roi ; fa propre femme confpire contre lui, & le livre à Parifatis, qui le fait périr fur un échaffaut . . . . . | 1816 | 2194 |
| Nouvelle confpiration du Satrape Tériteuchmès. Attaqué dans fa maifon par les Satellites de Parifatis, il en tue trente-fept avant de tomber fous leurs coups. . . . . . . . . . . | 1817 | 2193 |
| La Reine fait enterrer vives, à l'exception de Statyra, les perfonnes des deux fexes qui compofaient la famille de Tériteuchmès. | | |
| Roxane, fœur du rebelle, eft coupée en deux. | | |
| L'Egypte fecoue le joug de la Perfe, & nomme, | | |

| | Ere de Callisthène. | Durée jusqu'à nous. |
|---|---|---|
| pour son Roi, Amyrthée, qui se soutient six ans dans son indépendance. . . . . | 1818 | 2192 |
| Soulèvement de la Médie. Elle est rangée à son devoir par les Généraux de Parisatis. . . . . . . . | 1822 | 2188 |
| Parisatis envoie le jeune Cyrus dans l'Asie-Mineure en qualité de Satrape. . . | 1823 | 2187 |
| La mauvaise administration de ce Prince oblige Parisatis à le rappeller de son Gouvernement ; elle le réconcilie avec Darius mourant ; cependant elle ne peut réussir à le faire désigner l'héritier du Trône. . . . . . . . . . . . . | 1825 | 2185 |

Mort de Darius, après
avoir dormi sur le Trône
dix - neuf ans : suivant le
Ctésias de Photius, il en
aurait régné trente - cinq.

Mais cette Chronologie
ne se concilie ni avec les
règnes qui précèdent , ni
avec ceux qui suivent ; il
est assez probable qu'on
a altéré les chiffres dans
le manuscrit de la *Biblio-*
*thèque* du Patriarche d'A-
lexandrie (*a*). Diodore ,
qui de son côté avait aussi
analysé Ctésias , ne fait
régner Darius que dix-
neuf ans , & son opinion ,
adoptée par un grand nom-
bre de Savans distingués ,
se lie parfaitement avec la
Chronique des marbres ,
& avec l'Ere des Olym-
piades.

Avènement d'Arsace ,
fils aîné de Darius , au

| Ere de Callis- thène. | Durée jusqu'à nous. |
|---|---|
| | |

(*a*) *Mémoires de l'Académie des Belles-*
*Lettres* , petite édition , tome 21 , pag. 481.

| | Ere de Callisthène. | Durée jusqu'à nous. |
|---|---|---|
| Trône de Perse; il prend le nom d'Artaxerxe II; on le connaît sous le nom d'Artaxerxe Mnemon. | | |
| Parisatis continue à gouverner l'Empire sous le nom de ce Monarque. | | |
| Artaxerxe va se faire couronner à Pasagarde... | 1826 | 2184 |
| Cyrus, au moment du sacre, veut faire assassiner son frère. Découverte du complot. Parisatis obtient sa grace, & le fait nommer de nouveau Satrape de l'Asie-Mineure. | | |
| Cyrus, à peine arrivé dans son Gouvernement, lève des troupes pour faire la guerre à son frère; il amuse la Cour, en lui faisant croire qu'il a pour objet de prévenir une révolte de Tissapherne.... | 1827 | 2183 |

| | Ere de Callis-thène. | Durée jufqu'à nous. |
|---|---|---|
| Il réuſſit à ſe faire donner treize mille Grecs de trou-pes auxiliaires. | | |
| Cyrus , à la tête d'une armée formidable, marche contre Artaxerxe. . . . . . . | 1828 | 2182 |
| Fameuſe bataille de Con-naxa. Cyrus y eſt tué . . . . | 1829 | 2181 |
| Retraite des dix mille. | | |
| Pariſatis, furieuſe de la mort de Cyrus, demande qu'on lui livre ſes aſſaſſins. Sa retraite à Babylone . . . . | 1830 | 2180 |
| Cette Princeſſe revient à la Cour, obtient de l'im-bécille Artaxerxe , qu'on livre entre ſes mains tous ceux qui ſe vantaient d'a-voir porté la main ſur Cy-rus , & les fait périr tous dans d'affreux ſupplices. | 1831 | 2179 |
| Pariſatis empoiſonne Statyra , femme d'Arta-xerxe. . . . . . . . . . . . . . . | 1833 | 2177 |

| | Ere de Callis-thène. | Durée jusqu'à nous. |
|---|---|---|
| Suites de cet attentat. Parisatis s'exile volontairement à Babylone. | | |
| Artaxerxe rappelle Parisatis, & cette Princesse devient plus puissante que jamais . . . . . . . . . . . | 1834 | 2176 |
| Les Perses prennent part aux divisions de la Grèce. | | |
| Agésilas, à la tête d'une armée de Spartiates, traverse l'Hellespont, remporte une victoire sur le Satrape Tissapherne, & rend la liberté aux villes de l'Asie-Mineure. | | |
| Le Rhodien Hermocrate, Agent de la Perse, corrompt les Grecs, & arme, contre Sparte, une partie du Péloponèse. . . . | 1835 | 2175 |
| Rappel d'Agésilas dans sa patrie. | | |
| Conon, Amiral d'Athè- | | |

| | Ere de Callifthène. | Durée jufqu'à nous. |
|---|---|---|
| nes, ligué avec Pharnabafe, un des Généraux d'Artaxerxe, défait les Lacédémoniens près de Gnide, & leur ôte l'empire de la mer. | 1836 | 2174 |
| Evagoras fe rend puiffant dans l'Ifle de Chypre. Commencement de la guerre que ce Prince foutient contre la Perfe . . . | 1839 | 2171 |
| La guerre, entre les Lacédémoniens & les Perfes, fe continue avec des fuccès variés. . . . . . | 1841 | 2169 |
| Artaxerxe confulte Parifatis fur fon mariage avec Atoffa, fa fille; elle le détermine à l'incefte, & le mariage s'exécute. | | |
| Mort de Parifatis, après avoir régné trente-fept ans fous deux Rois . . . . . . | 1842 | 2168 |
| Lacédémone, outrée de voir la Grèce liguée con- | | |

| | Ere de Callifthène. | Durée jufqu'à nous. |
|---|---|---|
| tr'elle, conclut, avec la Perfe, le traité ignominieux, fi connu fous le nom de la Paix d'Antacidas. . . . . . . . . . . | 1843 | 2167 |
| Succès d'Evagoras, Roi de Chypre, dans fa guerre contre les Perfes. . . . . . | 1844 | 2166 |
| Evagoras, affiégé par terre & par mer dans Salamine, traite avec les Généraux d'Artaxerxe, & conferve fon Royaume, moyennant un tribut qu'il paie à la Perfe. . . . . . . | 1845 | 2165 |
| Stérilité d'évènemens pendant la vieilleffe d'Artaxerxe. | | |
| Le Confeil d'Artaxerxe veut faire rentrer fous le joug l'Egypte qui s'était révoltée . . . . . . . . . . | 1855 | 2155 |
| La divifion fe met entre Iphicrate & Pharnabafe, | | |

| | Ere de Callifthène. | Durée jufqu'à nous. |
|---|---|---|
| les deux Généraux Perfes, & l'Egypte s'affermit dans fon indépendance . . . . . . | 1856 | 2154 |
| On tire le vieil Artaxerxe de fon Serrail, pour lui faire commander une armée contre les Caduſiens , peuple de l'Atropatène. . . . . . . . . . . | 1857 | 2153 |
| Darius Codoman fe fait connaître dans cette guerre. Ses premiers exploits. Artaxerxe le fait Gouverneur de l'Arménie. | | |
| Difette de vivres dans l'armée du Roi. Tiribafe fauve les Perfes, en achetant la paix des Barbares. | 1858 | 2152 |
| Artaxerxe, de retour à Suze , fe venge du malheureux fuccès de fon expédition, en faifant mourir les plus grands Seigneurs de fa Cour . . . . . . . . . . | 1859 | 2151 |

| | Ere de Callif- thène | Durée jufqu'à nous. |
|---|---|---|
| Darius, l'aîné des enfans légitimes du Roi, eft nom- mé héritier de fa Couron- ne. . . . . . . . . , . . . . . . . . | 1862 | 2148 |
| Artaxerxe cède à Darius fa concubine Afpafie, en- fuite il l'enlève , & l'en- ferme , comme veftale , dans un temple d'Ecbatane. Emportement du Prince à à cette nouvelle. . . . . . . | 1863 | 1147 |
| Darius confpire contre fon père , & fe choifit , pour complice, le Satrape Tiribaze. | | |
| Découverte du complot. Tiribaze fe défend contre les gardes, & eft tué. | | |
| Tribunal créé pour juger Darius. Ce Prince eft con- damné à mort, & fubit fon fupplice. . . . . . . . . . | 1864 | 2146 |
| Artaxerxe , qui craignait Ochus , l'héritier naturel | | |

| | Ere de Cahifthène. | Durée jufqu'à nous. |
|---|---|---|
| de fa Couronne , ne le défigne point pour fon fuccefleur ; il partage fa tendrefle entre Ariafpe le troifième de fes enfans légitimes, & Arfame, l'aîné de fes bâtards. | | |
| Ochus fait craindre à Ariafpe les effets du courroux d'Artaxerxe, & épouvante tellement ce Prince, né timide, qu'il le force à s'empoifonner......... | 1866 | 2144 |
| Un affaffin, gagné par Ochus, vient égorger Arfame dans fon palais. ... | 1868 | 2142 |
| Mort d'Artaxerxe. Plutarque, qui, dans fon Hiftoire de ce Prince , s'eft trompé à-la-fois fur les faits & fur les dattes, lui donne 62 ans de règne ; mais il n'en a réellement régné que 44......... | 1869 | 2141 |

| | Ere de Callifthène. | Durée jufqu'à nous. |
|---|---|---|
| Ochus cache, pendant dix mois, la mort de fon père, donne des ordres en fon nom, & contrefait un acte où Artaxerxe le défigne fon fucceffeur. | | |
| Ochus fe fait facrer Roi à Pafagarde........... | 1870 | 2140 |
| Ce tyran fe baigne dans le fang de fa famille ; il fait enterrer vive fa propre fœur ; il ordonne le maffacre de tous les enfans qu'Artaxerxe avait eu de fes trois cents foixante concubines.......... | 1871 | 2139 |
| Il reftait, à Ochus, un oncle ; il le fait percer de flèches, avec fa nombreufe famille, compofée de cent perfonnes........... | 1872 | 2138 |
| Révolte du Satrape Artabaze.............. | 1874 | 2136 |

| | Ere de Callisthène. | Durée jusqu'à nous. |
|---|---|---|
| Le rebelle, soutenu des Grecs, remporte deux victoires contre les Généraux d'Ochus . . . . . . . . . . . . | 1875 | 2135 |
| Les Agens d'Ochus détachent, à force d'argent, les Grecs du parti d'Artabaze, & ce Satrape va en Macédoine demander un asyle au père d'Alexandre. | 1876 | 2134 |
| Les neuf Rois, tributaires de la Perse, qui gouvernaient l'Isle de Chypre, secouent le joug. Siége de Salamine. Traité des neuf Rois avec Ochus, qui reconnaît leur indépendance. | 1878 | 2132 |
| Révolte de la Phénicie. | 1879 | 2131 |

Ochus marche à la tête de trois cents mille hommes pour réduire cette province. Siége de Sidon. Tenne, son Roi, la livre aux Perses. Les Sidoniens

| | Ere de Callifthène. | Durée jufqu'à nous. |
|---|---|---|
| mettent eux-même le feu à leur ville. Ochus récompenfe Tenne de fa perfidie en l'envoyant au fupplice. | | |
| Conquête de l'Egypte par Ochus............. | 1880 | 2130 |
| Retour du Tyran à Suze. Il s'enferme dans fon Serrail, & on ne voit plus fon nom que fur des arrêts de mort............... | 1882 | 2128 |
| L'Eunuque Bagoas devient premier Miniftre de la Perfe.............. | 1884 | 2126 |
| Confpiration de Bagoas contre Ochus; il corrompt le premier Echanfon de ce Prince, qui l'empoifonne................ | 1890 | 2120 |
| Bagoas met fur le Trône Arsès, le plus jeune des enfans d'Ochus, & fait périr tous fes frères. | | |
| Arsès démêle la fcélé- | | |

| | Ere de Callisthène. | Durée jusqu'à nous. |
|---|---|---|
| rateffe de Bagoas, & prend des mefures pour l'en punir. Celui-ci le prévient, & le fait affaffiner. | 1894 | 2116 |
| Bagoas fait monter fur le Trône Codoman. Ce Prince prend le nom de Darius III. | | |
| Bagoas veut empoifonner Darius. Découverte du complot. Le Roi force l'Eunuque à s'empoifonner lui-même . . . . . . . . . . . | 1895 | 2115 |
| Guerre d'Alexandre contre Darius. Bataille du Granique ; les Macédoniens remportent la victoire . . . . . . . . . . . . . . | 1896 | 2114 |
| Conquête de l'Afie-Mineure par Alexandre. | | |
| Memnon, Général de Darius, veut porter le théâtre de la guerre dans | | |

| | Ere de Callif thène. | Durée jufqu'à nous. |
|---|---|---|
| la Macédoine : il fait le fiége de Mytilène , & meurt devant cette place. | 1897 | 2113 |
| Bataille d'Iſſus. Darius eſt battu. Pillage de ſon camp. Les Macédoniens font priſonniers la mère , la femme & ſes enfans du Roi de Perſe. | | |
| Darius propoſe la paix à Alexandre ; il offre à ce Prince trente mille talens, & la ſouveraineté de tous le pays qui s'étend de l'Euphrate à l'Helleſpont. Refus du Conquérant. . . . . | 1898 | 2112 |
| Priſe de Gaza par le Héros de Macédoine, & conquête de l'Egypte. | | |
| Mort de l'épouſe de Darius, dans le camp où elle était captive . . . . . . . | 1899 | 2111 |
| Les Perſes & les Macédoniens ſe rencontrent | | |

| | Ere de Calli-thène. | Durée jusqu'à nous. |
|---|---|---|
| dans les plaines de l'ancienne Ninive. | | |
| Eclipse de lune qui épouvante les deux armées. | | |
| Bataille d'Arbelle. Grande victoire d'Alexandre. | | |
| Le Conquérant entre en triomphe dans Suze, & du sein de cette ville, il donne des loix à la Perse.............. | 1,900 | 2110 |
| Pillage de Persépolis. La courtisanne Thaïs fait mettre le feu au palais des Rois de Perse. | | |
| Darius, fugitif, se sauve à Ecbatane. Conspiration de Bessus, Satrape de la Bactriane, contre ce Prince; il le fait d'abord lier avec des chaînes d'or, ensuite il l'assassine. | | |

| | Ere de Callifthène. | Durée jusqu'à nous. |
|---|---|---|
| Beſſus eſt livré à Alexandre, qui le fait écarteler . . . . . . . . . . . . . . . . | 1901 | 2109 |
| Alexandre épouſe Statyra, fille de Darius. Couronnement de ce Prince, comme Roi de Perſe. Fin de l'Empire de Cyrus . . . | 1902 | 2108 |

C'eſt l'année ſuivante que Calliſthène envoya de Babylone à Ariſtote ſon fameux Recueil d'obſervations Chaldéennes, qui remontaient à 1903 ans, c'eſt-à-dire à la naiſſance de Bélus, le premier Monarque d'Aſſyrie dont le Philoſophe a pu écrire l'Hiſtoire. Ainſi, les Faſtes des deux Empires d'Aſſyrie & de Perſe, ſe trouvent renfermés dans l'Ere de Calliſthène.

*Fin de l'Hiſtoire des Perſes.*

# OBSERVATIONS IMPORTANTES
## Pour rectifier cet Ouvrage.

Hiſtoire des Hommes, *Partie ancienne*, tome VI, pag. 150.

L'EMPIRE des Perſes, au rapport de *Xénophon.... était borné à l'Orient par la mer Rouge.* Obſervons que la mer Rouge n'eſt point à l'Orient de la Perſe. C'eſt une erreur géographique de Xénophon, qu'il faut ajouter à toutes celles qui lui ſont échappées dans ſon Roman philoſophique ſur Cyrus.

Hiſtoire des Hommes, *Partie ancienne*, tome III, pag. 150.

On avait cru que les Auteurs de la Compilation Angloiſe, appellée improprement *Hiſtoire Univerſelle*, connaiſſaient du moins leur propre pays, & ſur leur autorité ( voyez l'édit. in-8°. tome I, *Préface*, pap. LXXIV ) on avait fixé le pied Anglais à 9 pouces, 4 lignes de notre pied de Roi ; cette évaluation eſt très-erronée. Le vrai rapport du pied Anglais au

( 320 )

pied Français eſt de 1351, ⅖ à 1440 ; ainſi le
pied de Londres a 11 pouces, 3 lignes & un
ſixième de celui de Paris. On a donc eu tort,
en conſultant une ſeule fois un pareil Ouvrage.

Hiſtoire des Hommes, *Partie moderne*,
tome III, pag. 180.

*Charles V donna à ſon fils cadet.... le Duché
de Bourgogne ;* liſez ſon frère : il s'agit ici de
Philippe-le-Hardy, ſouche de la ſeconde Maiſon
de Bourgogne.

# TABLE
## DES CHAPITRES
### DU TOME SECOND
#### DE
### L'HISTOIRE DES PERSES.

Fin de la Table des Chapitres.

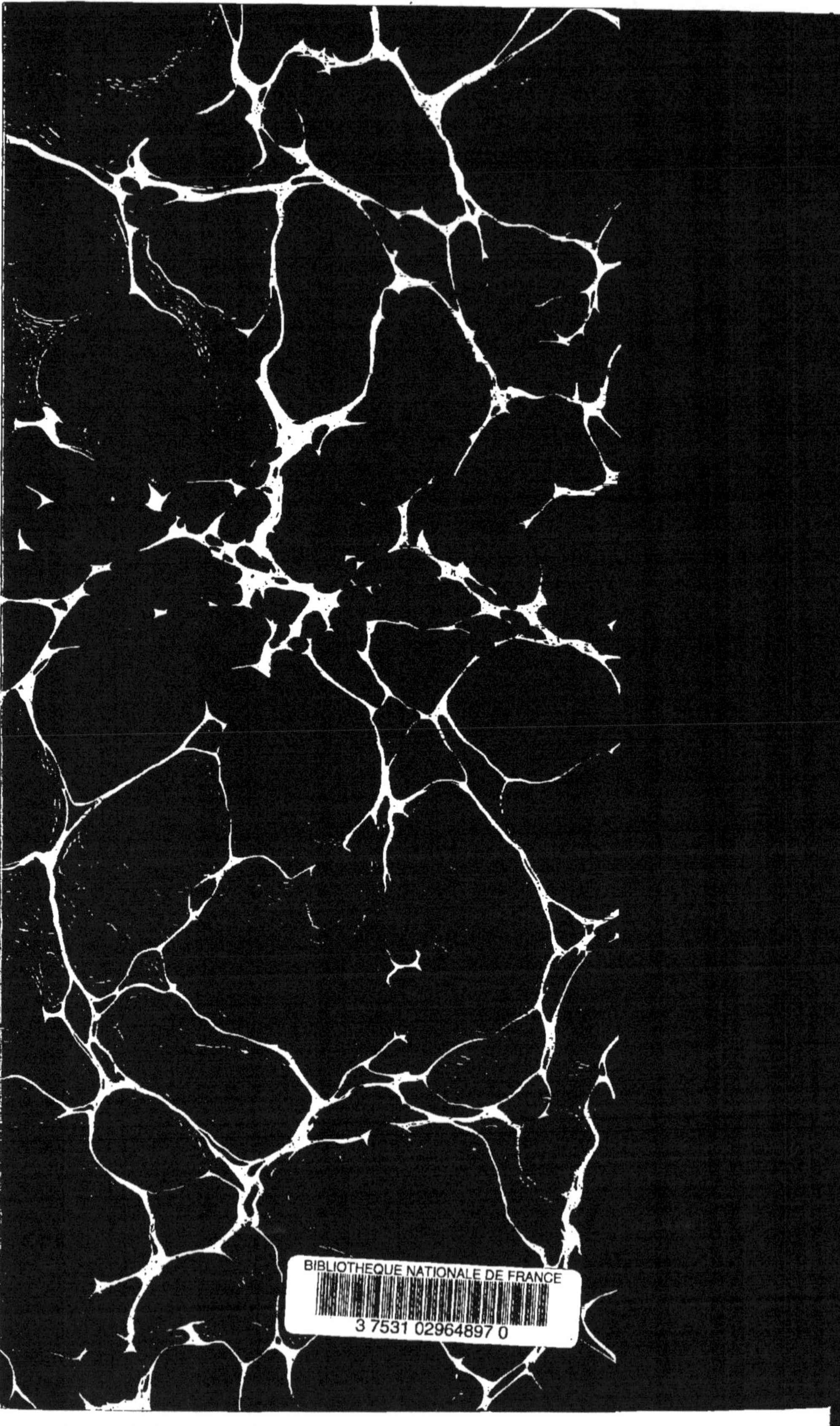BIBLIOTHEQUE NATIONALE DE FRANCE
3 7531 02964897 0

www.ingramcontent.com/pod-product-compliance
Ingram Content Group UK Ltd.
Pitfield, Milton Keynes, MK11 3LW, UK
UKHW021010140726
13695UKWH00001B/178